スーパーホテル
「マニュアル」を超えた
感動のおもてなし

京都大学経営管理大学院
教授 原 良憲
講師 嶋田 敏

スーパーホテル執行役員
星山 英子

かんき出版

プロローグ

刊行に寄せて

■おもてなしはコストか⁉

日本生産性本部が発表した「労働生産性の国際比較２０２３」によれば、ＯＥＣＤのデータに基づく２０２２年の時間当たり労働生産性（就業1時間当たり付加価値額）は、日本は約52・３ドルでアメリカの89・８ドルと比較して6割弱程度、ＯＥＣＤ加盟国38か国中では30位と、とても低いものでした。

さらに日本国内での業種ごとの違いを見ても、製造業に比して飲食や宿泊などサービス業の労働生産性は低いというのが実情です。

このような日本の労働生産性の低さ、とりわけサービス産業における状況は、以前から経済産業省でも憂慮されていました。

日本は少子高齢化が進み、今後ますます人材不足が深刻化していきます。対人サービスをどうしていけばいいのかという問題について、国も非常に危機感を持っていたということです。

そうしたなか、京都大学経営管理大学院では、ものづくりに対比した「サービス」を対象とするＭＢＡコースを開講するなど、次世代のサービス革新を担う人材の育成について、文部科学省や経済産業省との連携を図りながら、教育研究活動拠点の構築に努めてきました。

その一環で、多忙なビジネスパーソンでも受講しやすいカリキュラムとして、サービス・エクセレンス社会人講座を２０１５年からスタートさせました。

その講座に、受講生として、かつ研究員という立場で参画いただいたのが、のちにスーパーホテルの社長に就任される山本健策さん、そして本書の著者のおひとりでもある星山英子さんをはじめとするスーパーホテルの方々です。

スーパーホテルは常にサービス・おもてなしといったものに真摯に取り組んでおられ、講座終了後も「共同研究」という形で、サービス・おもてなしについて深掘りしていくことになりました。

この共同研究は今でも継続していますが、これまでの共同研究によって有意義な知見を得ており、本書ではそれらの一部を紹介していきます。

スーパーホテルと京都大学の共同研究によって、サービス・おもてなしに関して、どのような知見が、どんな研究過程を経て見出されたのか。また、そこで見出された知見は、スーパーホテルのサービスマネジメントにどう活用されたのか。そして、その知見はスーパーホテル以外のサービス事業者が応用できる再現性、普遍性を含んだものなのか。そうしたことが、本書の中で明らかにされています。

詳細については、本編に譲ることとしますが、ここでは、そもそもおもてなしを科学的に究明することの意義や、産学が連携して取り組んだからこそ獲得できた成果というものについて、少しだけ触れておきます。

大学の講義で、「おもてなしをどう思うか？」と学生に問うと、いろいろな答えが返ってきます。おじぎの角度や手の揃え方などの形式が大事であるとか、過剰サービスだと答える学生もいれば、おもてなしは日本の文化であり、中長期にわたる優良な顧客を得る振る舞いであると答える学生など、実にさまざまです。

そもそも日本では、形のあるものにはお金を出すけれど、形のない目に見えないものにはお金を出したがらない傾向が強く、「おもてなしは過剰サービスでありコスト」とみる考え方は、このことの表れといえるかもしれません。

その意味では、コストパフォーマンスの考え方は重要な要素のひとつではあります。過剰なサービスであるならば、標準サービスに置き換えたりサービス提供そのものを効率化することが大切です。

しかし、それにはおもてなしが単なるコストではなく、適正な価値を生み出すものであるという前提が必要だということです。

■おもてなしを長い目で価値化する

昨今は、全産業における第三次産業の比率が高まり、経済のサービス化が進展しています。そうした背景の中で、企業の評価軸も、財務情報だけでなく非財務情報をも重視する傾向が強まっています。

たとえば工場施設や生産設備は、製造において重要な有形資産（製造資本）であり、財務的に評価できます。しかし、そうしたハードを活用して、付加価値の高い製品を作り上げるための知恵やアイデア、ノウハウは、無形資産としての人的資本や知的資本です。これらの無形資産はなかなか財務的に評価することが難しいため、非財務情報と位置づけられます。

ブランドやサービス、おもてなしも同様です。こうした無形資産も、本来であればバランスシートに計上されてしかるべき資産だとする考え方も、出てきています。しかし現状では、「のれん代」のような一部を除けば、サービスやおもてなしなどの無形資産がバランスシートに載ることはありません。人的資本経営が、経営におけるコンセプトとしてクローズアップされているのも、こうしたことが背景にあります。

しかし、昨今の経済のサービス化という前提でいえば、むしろ非財務情報がより重要性を増しているということで、財務情報と非財務情報を統合的に扱って、企業価値の持続的成長についての情報開示を行う「統合報告書（Integrated Report）」が、注目されています。このように今日においては、サービスやおもてなしといった無形資産の価値がとても重要になってきているのです。

たしかに短期的には、おもてなしは、人の手間がかかるわりには、収益に直接的に貢献することはないとみられがちです。しかし長いスパンでみたときには、状況が変わってくるはずです。

優れたおもてなしを受けたことによって、お客様の満足度合いが高まり、それによってそのお客様がリピーターになって、何度もその企業を利用する。たとえば、スーパーホテルに宿泊したお客様が、そのおもてなしに満足して翌年も利用する。さらにはその後、毎年利用する。となれば、当該顧客の生涯価値（Lifetime Value）は高まり、収益に大きく貢献することになります。

つまり、おもてなしを長い目で見て価値化すれば、それは単にお客様を喜ばせて終わりとか、顧客満足を提供して終わりとかではなく、しっかりと収益にインパクトをもたらすものであると考えられます。

■京都にある「客を鍛える」という互いに切磋琢磨する関係性

「お客様は神様です」というフレーズをみなさんご存じだと思いますが、これは欧米的な考え方です。お客様のいうことは何でも聴くというのがソリューションビジネスであり、サービスだと考えられています。日本ではそれを「お客様は神様です」というフレーズで表現しているのです。

一方で京都には、昔から「客を鍛える」という考え方があります。「客を鍛える」というのは、「お客様は神様」の対極にあるコンセプトといえるでしょう。すなわち、サービスの提供者とお客は対等な関係にあるというのが前提です。その上で、「客を鍛える」とは、サービスの提供側が、サービス提供を通じてお客様に本物を見る目を養っていただけるようサポートするということです。

本物を提供する側と本物を知るお客側であれば、そこには信頼関係が生まれ、長い付き合いができる。そうすることが大事だということです。

そもそもサービスの価値は、提供側が規定するものではなく、提供する側とお客様側双方の関係性で決まるものです。これをマーケティングでは「価値共創」と呼んでいます。本物を提供しても、それが本物だとわからなければ、提供側が目指す価値提供には至りません。

互いに切磋琢磨することで、提供側もお客様もリテラシーが高まり、リテラシーが高まることによって、おもてなしの価値も向上していくと考えられているのです。

■脳科学的アプローチでおもてなしを科学したら……

ここで「おもてなしを科学する」ということについて考えてみましょう。

一般に科学というと、自然科学を思い浮かべる人が多いのではないでしょうか。たとえばニュートン力学とか量子力学などの自然科学系の分野では、実際に起きていることを観察して、再現可能な観察結果や実験結果を通じて、自然界のルール・仕組み・原理といったものを知ることになります。このとき、観察の対象となるのは自然界の事象であり、人間はその事象を外側から観察する立場です。

一方、「おもてなしを科学しよう」というように、何かを観察する場合、それはおのずと「おもてなしをしている人間」が観察対象になります。観察の対象に人間が入ってしまうことで、自然科学の観察と比べると、再現性という点でより難しくなります。しかし、自然科学系ほどではないにしろ、おもてなしなどの人文・社会科学系のテーマであっても、ある程度の再現性は担保できると考えられます。

おもてなしを科学して、良いおもてなしがどのようなものなのかを明らかにすると、100%同じことを再現するのは難しくても、経験則的には、ある程度再現できるようになります。

臨床脳研究の第一人者である生理学研究所の柿木隆介先生は、優れたおもてなしについて、脳科学的なアプローチで研究されたことがあります。

この研究では、温泉宿の女将を中心とした接客業に携わる人たちと、接客経験のまったくない人たちの2つのグループにおいて、人の表情を見たときの脳波の反応を調べるという実験を行っています。

無表情・笑顔・怒った顔の3種類の画像を用意し、それらの画像を見た際に、その表情を好ましいと思うかどうかの評価を行いました。また表情を見て、その表情が好ましいものかどうかを判断するまでの処理スピードはどれくらいかを、脳波で測定したのです。

この実験で、接客に長けた女将たちの特徴が、2つ明らかになりました。

ひとつは、接客経験のある女将たちは人の表情について、全般に好ましさの評価が低かったということです。笑顔を見たときには、女将たちも接客経験のない人たちも、好ましいと評価しています。

差が表れたのは、怒った顔と無表情の顔を見たときです。怒った顔を見たとき、女将たちは最も好ましくないと判断し、無表情の顔でさえ、接客経験のない人たちより明らかに好ましくないと判断していたのです。

この結果が意味するところは、接客に長けた女将たちは、人の表情についての判断・評価を厳しめにしているということです。

笑っている顔は問題がないことを表している表情なので、なんら対処を必要としない、つまり接客に携わる者にとっては好ましい状況です。

これに対して、怒った顔というのは、何らかの不満があることを表していると判断しています。そして、無表情についても、接客経験のない人は笑顔寄りに捉える人が多かったのですが、接客に長けた女将たちは、むしろ怒った顔寄りの評価をしているのです。

言葉を換えれば、無表情さえも不満があるのではないかと考え、それについての対処を可能な限り事前に想定しようとするのが、接客に長けた女将たちの態度だということです。

そして表情を見たときの反応スピード（好ましい、好ましくないの判断）も、女将たちはすべての表情について反応が速かったのですが、とりわけ、怒った表情、無表情のときに、非常に速く反応していることが示唆されました。

お客様の表情を見て、そのときのお客様の心情を推しはかり（それも厳しめに）、何かあれば即座に対応できるような態勢を整えているということでしょう。

このことは、接客・サービス提供シーンにおける察知能力の高さの重要性を示すとともに、それが一種のリスク・マネジメントになっているといえるかもしれません。

こうした察知能力と、リスク・マネジメントに長けていることが、優れたおもてなしを可能にする要素のひとつだということが、この実験・研究で科学的に明らかになったのです。


このようにおもてなしを科学することで、属人的なものであり、暗黙知だと思われていた〝優れたおもてなし〟をある程度形式知化でき、初心者でも、ある程度実践できるようになったり、接客のトレーニングに取り入れたりすることで、スタッフの振る舞いやノウハウをレベルアップすることにもつながります。

現に本書の中でも、優秀なスタッフが接客時にお客様のどこに着目しているかを観察し、明らかにしたことにより、それをトレーニングに取り入れ、スタッフのサービスレベル向上につなげたという事例が出てきます。

スーパーホテルでは、おもてなしに関しての具体的な研究と、その成果を事業活動への実践的な展開につなげていることはもちろん、その成果を教育研修に応用するという体系化がなされています。これは非常にすばらしいことだと思います。

また、おもてなしを科学することによって、スーパーホテルのサービス提供、接客、おもてなしに関しての複雑な構造を紐解いて整理し、スーパーホテル自体のサービス向上に資することは当然として、さらにはそこで見出された知見をパターン化・抽象化することで、それを他のサービス産業に展開していくことも可能です。これについては第5章で取り上げています。

こうした知見の横展開によって、冒頭で触れたように、労働生産性が低いといわれ続けている日本のサービス産業全体の生産性向上にも、寄与し得る内容になっていると思います。

本書を参考にしていただき、現場のサービスの生産性と再現性の向上に役立てば、著者として望外の喜びです。

2024年2月

著者を代表して　京都大学経営管理大学院 教授　原　良憲

スーパーホテル
「マニュアル」を超えた
感動のおもてなし

目次

第2章 現場のおもてなしを科学する！ 京都大学との共同研究とその成果

第3章

全スタッフが理念実現に向けて一丸となる！理念浸透の究極の仕組み

第4章 自律型感動人間を育成する! 究極の仕組み

第5章

どんなサービス業にも応用できる！「理念経営×自律型感動人間」という究極のサービスマネジメント

編集協力＝小澤浩之
装幀・本文ＤＴＰ＝石澤義裕
本文デザイン＝松好那名（matt's work）

本書は、プロローグと各章の考察は原　良憲、
第2章の第2節から第6節は嶋田　敏、
それ以外は星山　英子が執筆しています。

第1章

答えは現場にある！
マニュアルを超えるおもてなしへの究極のこだわり

1

目指したのは「ファンづくり」

■顧客満足を超えた感動をお客様に提供する！

スーパーホテルは、大阪に本社のある株式会社スーパーホテルが全国に展開する新型ホテルチェーンです。

１９９６年、福岡市にスーパーホテル第1号店「スーパーホテル博多」を開業して以来、いくつもの壁を乗り越えながら店舗数を増やし、２０２４年3月時点で店舗数は１７１店舗（国内１７０店舗・海外1店舗）を擁するまでに成長しました。

スーパーホテル事業をスタートさせてから30年足らずの期間で、ここまでやってこられた背景には、大きく2つのポイントがあると考えています。

ひとつはエピローグで紹介しますが、「ベンチャー支配人制度」という斬新で画期的な人材登用システム。そして2つめが、「顧客満足を超えた感動をお客様に提供する！」という、「おもてなしへのこだわり」です。

とりわけ、スーパーホテルチェーンが多くのお客様に支持をいただき、今日までの成長を成し遂げられた最大の要因は、おもてなしへのこだわりだと思います。

ホテル事業に限らず、サービス事業においては、お客様の支持なくしては事業の成長はあり得ません。今日のスーパーホテルがあるのも、多くのお客様の支持を得られたからに他ならず、「どうすればお客様に喜んでいただけるか？」「どうすればスーパーホテルのファンになっていただけるか？」を常に真剣に考え、取り組むべき施策に愚直に取り組んできたからなのです。

■私たちが目指すのは「第二の我が家」

当ホテルのコンセプトは、「第二の我が家のようにくつろいでいただけるホテル」です。私たちはお客様と接するとき、このコンセプトをとても大切にしています。

私たちはお客様が来店されると「おかえりなさいませ」と挨拶します。「いらっしゃいませ」ではありません。初めて当ホテルを利用されるお客様にも、何度となくご利用いただいているリピーターの方にも、すべてのお客様に対して「おかえりなさいませ」です。

自宅に帰れば、「ただいま」といい、家族は「おかえりなさい」と声をかけます。それを実践しています。第二の我が家をコンセプトにしているからです。

多くのお客様が、エントランスに入って受付に向かうときに「おかえりなさいませ」と声をかけられると「自分の家に帰ってきたようでほっとする」とおっしゃられます。

■たった7項目のみの「サービススタンダード」

私たちスーパーホテルには、「サービススタンダード」というものがあります。スタンダードという名前の通り、私たちスーパーホテルが、お客様に〝日常の感動〟をお届けするための、最も基本的で標準的なおもてなしの心構えや振る舞いについて記載したものです。すべてのスタッフは、お客様をおもてなしする際に、このサービススタンダードの内容を常に実践するよう心がけています。

それほどに重要なサービススタンダードですが、内容はというと、たった7つの項目で構成されているに過ぎません。

ひとつめは身だしなみを整えるということが明記されており、それ以外では、お客様を名前でお呼びすること、お客様のニーズを先読みすることなどが書かれていません。

お客様をお出迎えする際に「おかえりなさいませ」と声がけすることは、このサービススタンダードに明記されており、7項目のうちのひとつです。

とくに難しいことは書かれていません。たった7項目ですが、このサービススタンダードは、当ホテルのスタッフにとっては、接客時の最も大切な心得となるものです。逆にいえば、会社側がスタッフに対して、ぜひ実践してほしいと思っている具体的な接客の所作としては、この7項目だけということです。

それにもかかわらず、当ホテルでは、アルバイトのアテンダントを含め、すべてのスタッフが高位標準化されたおもてなしを実践できているのです。

■「オペレーションマニュアル」には基本のキだけが書かれている

おそらくどのホテルにも、あるいはどんなサービス業にも整備されているであろう、いわゆる「オペレーションマニュアル」もあります。これには端末の操作方法やお客様から荷物をお預かりする際の手順や注意点、挨拶の仕方といった基本のマナーが書かれていて、特別なものではありません。

ただ、オペレーションを円滑に実施するためのマニュアルであっても、私たちは、「なぜ、そうするのか?」という、行為の目的をできるだけ明示するようにしています。この点だけは特徴的かもしれません。

たとえば「挨拶」については、挨拶をすることの意味は何かという、行為としての挨拶の目的をまず明記しています。その上で具体的な挨拶のやり方として、「相手の方とアイコンタクトをとる」「きちんと手を止める」といったことを解説したり、接客十大用語を使うタイミングや言葉に込めるべき思いについて解説しています。

このように、行為の目的を明確にすることで、きちんとした理解を背景に動作ができるようにしています。しかしその点を除けば、オペレーションマニュアルは、機器の操作や、接客業における基本のキだけをまとめたものに過ぎないのです。

■ハイタッチなおもてなしはマニュアルからは生まれない

オペレーションマニュアルに書かれていることを100%完璧にやり切れたとして

も、それによってお客様からお褒めの言葉をいただけるということはまずないと私たちは考えています。ただ単にマニュアルを完璧になぞっているだけでは、当ホテルが目指す期待以上の満足も、満足を超える感動も、お客様に提供することはできないと思っているからです。

お客様に感動を与えることのできるハイタッチなおもてなしは、「サービススタンダード」や、このあと説明する「日常の感動アプローチ集」など、オペレーションマニュアルを超える拠り所があることから生まれています。

もちろんそうした拠り所に加えて、すべてのスタッフがお客様に感動を提供したいと願い、そして行動しようとするホスピタリティマインドが重要であることはいうまでもありません。

これは「日常の感動アプローチ集」に書かれている、マニュアル通りに動くだけでは提供できないおもてなしを、スタッフ自身がきちんと考え、自分なりのやり方で創意工夫して実践しているからだと思っています。

こうしたおもてなしを高位に標準化し、全スタッフがその実践を継続し、進化し続けているその背景には、次章以降でお話しする、京都大学との共同研究によって得られた「おもてなしの形式知化」（↓第2章）、徹底的な「理念の浸透」（↓第3章）、そして自律型感動人間を育てる人材育成の仕組み（↓第4章）があるからなのです。

■どうすればファンになっていただけるのか

当ホテルの「おもてなしへのこだわり」は、2008年に本格的に始まりました。

そもそものきっかけは、お客様の不満を解消してさしあげても、それによってファンになっていただける可能性はほぼない、ということに気づいたことです。

スーパーホテルを利用されたお客様がなんらかの不満を感じたとき、不満ではないけれど「もっとこうしてほしい」という要望があったときは、ホテルスタッフに伝えていただけます。その申し出を受けたスタッフは、当たり前ですが、全力で問題解決、あるいは要望の実現に尽力します。

でも、そうした対応だけでは、お客様にはスーパーホテルにロイヤリティは感じていただけないということに気づいたのです。

考えてみれば当然です。不満、あるいは要望があって、それを解消することは、マイナスをゼロに戻したに過ぎません。ゼロはどこまでもゼロで、プラスの評価にはつながりません。

では、どうすればプラスの評価につながるのか、どうすれば、次もスーパーホテルを利用しようと思っていただけるのか。それについて、私たちは「お客様に満足以上の感動を感じていただくこと」だと結論づけました。

当ホテルを利用いただいたお客様に、「満足以上の感動を体験していただく」。それによって、「もう一度、スーパーホテルに泊まりたい」とリピートしていただき、そしてファンになっていただこうということです。

そうしたファンづくり、そのための感動体験の提供をスタッフ一丸となってやっていこうということになりました。

2

「スタッフへのお褒めのコメント」を集計・分析、そして共有へ

■日常の感動体験をどうやって生み出すか

前節で、お客様に「満足以上の感動」を体験していただきたいという思いについて説明しました。この「満足以上の感動体験」のことを、私たちは「日常の感動体験」と呼んでいます。

「日常」の反対は「非日常」です。非日常とは文字通り日常ではないことです。日常ではない環境や場面での感動は、さまざまな企業がしのぎを削って提供しています。テーマパークなどは、入場した瞬間から日常とは切り離された非日常の空間が広がり、日常空間では体験できない特別な体験をすることができます。ラグジュアリーホテルやリゾートホテルなども、日常とは異なる空間とサービスで、特別で非日常的な感動を提供してくれます。

しかし、私たちスーパーホテルのコンセプトは「第二の我が家」です。我が家は特別な空間ではなく、日常空間です。ほっとすることのできる憩いの空間ではあっても、特別な非日常空間ではありません。

その特別ではない日常の空間で、お客様に期待以上の感動を提供し、ファンになっていただく。前述の通り、それを目指すことについては、誰も異を唱えませんでした。

■議論をしても方向性を見出せず……

「お客様に日常の感動体験を提供しよう」と決めたものの、具体的にどんなことをすればいいかについては、本部スタッフが軸になって侃々諤々《かんかんがくがく》の議論をしても、これという方向性を見出すことができず、明確な答えになかなかたどり着きませんでした。

そこで、自分たちで考えるよりも、答えは現場にあるはずだと、「お客様満足度（CS）」にフォーカスし、お客様から寄せられた全店のアンケートの中のCSアンケート（スタッフへのお褒めコメント）を集計・分析することにしました。

当時、私たちはこの作業を「CS分類」と呼んでいました。お客様からいただいたアンケートの回答のうち、フリーコメント部分に、スタッフの振る舞いについてのお褒めが書かれているものをCSと呼び、CSが書かれたアンケートが何枚あるかを「CS枚数」として重要視しました（詳しくは本章の第4節で説明します）。

のちに当ホテルでは、本書の著者である京都大学の原良憲先生の研究室と共同研究を進めるようになり、属人的になりがちなおもてなしを科学的に解明して、「おもてなしの見える化」に取り組むようになります。

しかし、新しく設定した目標に向かって何をなすべきかを確認するために「CSアンケート分析」を実施した時点では、〝おもてなしの見える化〟や〝おもてなしの科学的解明〟といった視点は一切持ち合わせてはいませんでした。

そもそも「おもてなしは属人的なものなので、人を観察しないと理解できない」という基本的なことすら知りませんでした。

そのため、このCS分類では、「各店舗ではどんな取り組みをしているか」を確認することを目的にしていて、必ずしも、おもてなしの主体である人には焦点を当てていなかったのです。

127ページで紹介する「雨の日タオル」は、CS分類から明らかになったものです。もともとは特定の店舗でスタッフが出したアイデアを採用して、行動にうつしたというものでした。

当初、本部ではそうしたおもてなしをしている店舗があることすら把握していませんでした。「雨の日タオル」のCSが多い店舗に聞いてみると、「雨の日には、お客様が濡れたままでチェックイン手続きに来られることが多いので、タオルをお渡ししています」と教えてくれたことで明らかになったのです。

■マニュアルにせず「おもてなし事例集」を開発

このように、ある店舗で実施されていたおもてなしがお客様にとても喜ばれて、スーパーホテル自体の評価を高めているケースがあるということに、いまさらながらに気づかされました。

そこで、そうした特定の店舗でなされている取り組みであっても、お客様に高く評価いただいているもの、感動体験の提供という点から効果が高いと思われるおもてなしについては、全店舗で実施できるように情報共有しようということになりました。

最初は、マニュアルという形で形式知化することも検討しました。しかし、こうしたおもてなしの中には、必ずしも「こういう場合には、こうしなさい」と言い切れないものも多々あります。

その場の状況や、お客様の様子によって、臨機応変な対応が求められるタイプのおもてなしは、必ずしもマニュアル化がふさわしいとは限らないということに気づきました。

そこで2013年に私たちが開発したのが「日常の感動アプローチ集」というおもてなし事例集です。これは文字通り「事例集」で、「こんなケースで、こういうアプローチ（おもてなし）をしたらお客様に喜ばれた」という実例をまとめたものです。

他のスタッフが、どんなシーンで、どんなおもてなしをしたのかを事例として情報共有することで、「自分だったらどうするか」「なるほど、こういうシーンでは、こんなアプローチをするとお客様に喜んでいただけたのか」という、おもてなしの自分ごと化と、気づきが得られるツールにしたのです。この事例集については、次節で詳しくお話しします。

■少数意見でも優れたおもてなしにフォーカス

ＣＳ分類の結果では、「笑顔の対応がよかった」とか、「朝食時の案内がよかった」といった上位の項目については、ＣＳ枚数の占める割合が高くなります。当然、各店舗ともに、その項目のＣＳ枚数も多くなります。

もちろん、そうした上位項目以外にも、「荷物を預ける際の対応がとてもよかった」というお褒めもあるのですが、そうした項目は全体の中で絶対数が少ないために、あまり目立つことはありませんでした。

ところが、こうした少数意見であまり目立たない項目の中に、〝ある特定の店舗だけ、突出してその項目についてのお褒めが多い（ＣＳ枚数が多い）〟というケースがあったのです。

「これは何かあるに違いない」と思い、当該の店舗に電話で問い合わせたり、直接現地へ行って観察してみると、やはりそこには独特の（もちろん良い意味で）対応があることがわかりました。

単に絶対数の多寡だけで判断していたら見逃してしまっていたような優れたおもてなしを、このＣＳアンケート分析、ＣＳ分類によって発見することができたのです。

スーパーホテルには、いわゆる「接客マニュアル」はありません。その代わりに、私たちが接客・おもてなしの拠り所としているのが、先に述べた「サービススタンダード」と、次節で詳述する「日常の感動アプローチ集」です。

「日常の感動アプローチ集」に、先ほどの絶対数は少ないけれど特定店舗でCS枚数が突出していたおもてなしについても、しっかりと取り上げたことはいうまでもありません。

3

「日常の感動アプローチ集」を全スタッフで使い倒す

■まずは真似することから始める

スーパーホテルでは、他店舗でのさまざまな取り組みや、独自に始めたおもてなしについて、お客様に高く評価いただいているものを、「日常の感動アプローチ集（以下、事例集）」として集約し、すべてのスタッフがいつでも確認できるようにイントラネット上に公開しています。アルバイトを含め、すべてのスタッフがいつでも自由に閲覧できるようになっています。

おもてなしがうまくできなかった、あるいはお客様の反応がもうひとつだった（お客様に笑顔がなかった）というとき、自分のおもてなしがうまくいってなかったのではないかと気になった際には、この事例集を確認するという使い方をするスタッフが少なくありません。

事例集を展開するようになった当時、「日常の感動実施店舗数の前期比較」という統計データも集計しました。

たとえば、「周辺の情報をお客様にご案内する」などのアプローチに関しては、事例集を作成した時点では、お褒めの言葉をいただけている店舗は62店舗に過ぎませんでした。それが次の半年間で96店舗に急増しました。

また、「体調不良のお客様に対するアプローチが上手な店舗」が39店舗だったのが、次の半年で61店舗に増加しました。

事例集を作り、それを媒体としてすべてのスタッフが情報を共有し、他店舗の取り組みを見て、「真似できるところは真似しよう！」ということで横展開を図った結果です。「日常の感動アプローチ集」の効果は絶大でした。

■真似からオリジナルへの進化

あるとき、ひとつの店舗で「貸し傘提案」というアプローチがスタートしました。「雨の日タオル」というおもてなしの背景を考えたことで、新たに思いついた現場のアイデアです。発想の原点はとてもシンプルです。

雨に降られて洋服を濡らして来店されたお客様に、いつものようにタオルをお渡しして、「大変でしたね」と声がけをして、チェックイン手続きをすませました。そのときにスタッフが思ったのが、「突然の雨に降られて、傘をお持ちではないから濡れて来店された。だったら、そのお客様がお出かけされるときにも、傘を貸して差し上げないと」ということです。

当たり前といえば、当たり前の考え方です。しかしそれまでは、お客様から依頼があればお貸ししていましたが、いわれる前に「傘をお貸しする」というアプローチは誰も考えませんでした。考えてはいたけれど、口に出さなかっただけかもしれません。

しかしいずれにしろ、これまでこちらから貸し傘を提案するというおもてなしはなかったのですが、この店舗でそれをスタートして以降、多くの店舗で「貸し傘提案」を実施するようになりました。

実は、「天気がくずれた」というだけでも、お客様に満足を超える感動を提供するアプローチの形はいろいろあるということに、私たちは気づくことができました。

ある店舗で始まった「雨の日タオル」は、「雪の日タオル」や「猛暑日タオル」に進化し、「貸し傘」提案に変異しました。

まずは、他店が実践して成果が上がったものを真似して、それがやがて新しいおもてなしに進化したり変異したりして、お客様のさらなる感動体験につながっていく。

このように、すべてのスタッフが、ひとつでも多くの感動体験をお客様に提供したいという思いから、新しいおもてなしが生まれ、それをお手本として真似をしているうちに、さらに新しいおもてなしにつながる。

こうした好循環を地道に続けていくことで、やがて大きな成果につながるということを、私たちは実体験として知ることになります。

■おもてなしのアイデアはひとりだけの発想ではない

スーパーホテルは、期待以上の満足を、満足を超える感動を、お客様に提供しようという取り組みを始めました。そして、どうすればそれが実現できるのかという答えを求めて、さまざまな形で現場のリサーチを実施しました。

その結果としてわかったことのひとつに、現場起点のユニークなおもてなしは、どこか特定の1店舗だけが取り組んでいたものではないということもありました。「雨の日タオル」もそうですが、お客様が衣服を濡らして来店されたら、タオルをお渡しするということはいくつかの店舗で実施されていました。期せずして、複数の店舗で似たようなおもてなしが、同時多発的に行われていたということです。

実は、こうした小さな工夫で、お客様に感動体験を提供していた事例はたくさんあります。ただ、ちょっとした工夫が期せずして複数の店舗で同時多発的に行われていたことで、お客様アンケートを集計したときに、ちょっと目を引くぐらいのボリュームになっていたので本部が注目したというわけです。

たとえば、お客様アンケートの集計結果の中で、1件だけポツンと「夕食のお店を丁寧に教えていただき助かりました」という回答が見られたとしても、アンケート集計スタッフは、あまり興味を持たなかったかもしれません。

しかし、そうしたお客様のお褒めが、1件や2件ではなく、それなりのボリュームで発生していたから、「これはどういうことなのか？」と注目したわけです。

そして調べてみたら、「グルメ案内」を実施している店舗が複数あって、さらには、その中で、たくさんのお褒めにつながっている店舗と、そうでもない店舗などの違いも見えてきた。

このように、小さな創意工夫が意外と同時多発的にあちこちの店舗で実施されているのだということは、常に感動につながるおもてなしのことを考え、思いついたことを店舗内で話し合い、良いアイデアは店舗として実践するという、おもてなしを工夫する文化・風土が根付いている証左なのではないかと、少し誇らしく思っています。

■目的を明らかにすることが重要

「日常の感動アプローチ集（事例集）」に限ったことではなく、オペレーションに関するマニュアルもそうなのですが、「こういうときには、こうしましょう」と伝える際には、なぜそうするのか、なぜそうすることが重要なのかというｗｈｙの部分を必ず明確にするようにしています。

たとえば、ウェルカムカード（↓172P参照）について、事例集に記述する際にも、スーパーホテルがウェルカムカードを大切にする理由、ｗｈｙをまず明示します。

「おもてなしの心をお客様に伝えるには、文字にしてきちんと伝えることも大事です」ということを明らかにした上で、「だからウェルカムカードをしっかりと作りましょうね」と伝え、どのようにウェルカムカードを作るべきかをサジェスチョンします。さらに過去に実際、お客様に提供されたウェルカムカードの実例が掲載され、それについてお客様から寄せられたお褒めの言葉も掲載しています。

もちろん、お褒めの言葉はたくさんいただいているので、実際に掲載できるのはほんの一部です。しかしお客様の実際の言葉を掲載することで、よりよいおもてなしについて考える契機にもなります。

事例集では、その施策（おもてなし）を大切にする理由・実際の取り組み方・事例の紹介とお客様の声をワンセットで掲載することを基本としています。

■自分の接客を振り返る拠り所としても活用できる

事例集はスタッフ研修の教材としても利用しています。各店舗において、新人スタッフが一通りの業務について一定レベルで遂行できるようになったら、次のステップとして、この事例集で取り上げられているおもてなしをやってみるというチャレンジ目標として利用しています。

もちろん、ここで取り上げられたおもてなしをすべて一度に挑戦するということではなく、その中からどれかひとつを選んでやってみるということです。

ひとつ、きちんとやれるようになったら、さらに次はもうひとつチャレンジしてみる。それもやれたら、さらに別のテーマをやってみるというように、一つひとつクリアして、ステップアップしていくようにしています。

■お客様目線でおもてなしを考える研修を実施

「日常の感動アプローチ集」には、その内容をモチーフにした研修動画もあります。事例集のなかで取り上げたおもてなしの中から3つほどのテーマを選定して、お客様目線で、そのおもてなしの内容を考えるという映像教材です。ここで取り上げているテーマは、ウェルカムカード、雨の日タオル、そして受験生対応です。

これまでの研修では、サービスを提供する側としてどうあるべきかという視点が中心になっていました。しかし、サービスを提供する側の視点よりも、サービスを受けるお客様側の視点・目線でサービスのあり様を見直すことが重要だと考えました。

研修動画は1本当たり5～10分程度のドラマ仕立てになっています。

研修動画は、あくまでも当ホテルにお越しになったお客様をどうおもてなししているかという内容です。しかしそれだけでなく、お客様がホテルにチェックインされるまでのストーリーも設定して、ナレーションで補足説明しています。

「出張でいらしたAさん。日中の商談はあまりうまくいかず、少々しょんぼり気味。そんなときに限って、突然の大雨。傘をもっておらず、ついてないなとぼやきながらホテルへ」といった具合いです。そして、お客様がエントランスに入ると、すぐにスタッフが駆け寄ってきて、「突然の雨で、大変でしたね」と、手に持っていたタオルを差し出してくれるといったストーリーが展開されます。

この研修動画を見るときには、自分がお客様の目線になって、スタッフの振る舞いを見たり、発言を聞いたりすることになります。動画を見ることで、サービスを受ける側の立場で、スタッフの言動を見ることができ、そこには大きな気づきが生まれます。

ひとつのテーマ（おもてなし）ごとに1本の動画を見たら、動画の中のスタッフが行ったおもてなしやお声がけの内容・タイミングについて、グループでディスカッションをしてもらいます。「あのシーンでは、こうしたほうがよかったのではないか」

「私だったら、ああいうときにはこうするかも」といった自分自身の経験に基づく、活発な意見交換がなされます。

なかには、「そういえば、こういうお客様がいたけれど、もしかしたら、この動画の設定にあったような事情がおありだったのかもしれない」といったことまで、みんなで自由に話し合います。


侃々諤々のディスカッションを通じて、参加者一人ひとりに気づきが生まれ、「自分だったら、こういうシーンでは、このようなおもてなしをしよう（お声がけをしよう）」という自分ごと化が可能になり、それを自身の職場に持ち帰って、実践できるようになります。

私たちが大切にしているのは、自ら考えて、実践することです。研修ではそのベースを培っているといえるでしょう。

4

CS枚数が評価のバロメーター

■CS枚数月間1万枚を目指して

「日常の感動アプローチ集」を作る上で、私たちは「お客様アンケート」を参考にしましたが、この回答の中のフリーコメント部分に書いていただいた、スタッフの接客サービスについてのお褒めの言葉を、私たちは大切にしています。

とくに、スタッフの接客サービスなどのおもてなし、つまりソフトの部分に関するお褒めの言葉を、「CS（＝顧客満足）」と呼んでいて、お褒めの言葉が書かれたアンケート用紙の枚数を「CS枚数」と呼んでいることはすでにお話ししましたが、「食事がおいしかった」とか、「温泉が良かった」といったお褒めの言葉はCSには含めていません。

当ホテルのスタッフの中では、このCSおよびCS枚数を私たちの接客サービス・

おもてなしのあり様についての評価のバロメーターにしています。

ＣＳ枚数に関して、私たちは「月間1万枚の獲得を目指そう」という目標を掲げ、その達成に向けての取り組みを２０１２年にスタートさせました。その当時のＣＳ枚数は、全店舗合計で月間４５００枚程度でした。それを1万枚にしようとしたのです。

「日常の感動アプローチ集」は、そのためのツールとして生み出されたわけですが、各店舗で実施されている、お客様からの評価が高いおもてなしについて全国一律のナレッジに昇華し、すべてのスタッフの活動目標としました。

そうした取り組みが奏功して、２０２４年２月現在ではＣＳ枚数は月間1万２０００枚を優に超えるほどになっています。

■お客様アンケートに占めるCS枚数の割合も集計

また当ホテルでは、日々回収されるお客様アンケート全体の中で、接客に対するお褒めの言葉をいただいたＣＳ枚数の割合がどれくらいあるかも集計しています。取り組みを始めた当初は、ＣＳ枚数割合は35％程度でした。

お客様アンケートを出していただいた100人のうち、お褒めの言葉を添えていただいたお客様の割合が4割程度。当ホテルを利用いただいて、期待以上のおもてなしだったと評価してくださったお客様が半分にも満たないという状況でした。

しかしその比率も、「日常の感動アプローチ集」を軸にした展開によって、今日では大きく改善させることができました。

現在のCS枚数比率は実に59%（2024年2月時点）、半数を大きく超えました。ほぼ6割のお客様からお褒めをいただけるようになったのです。

＊　＊　＊

本章でお話ししたように、当ホテルでは2012年頃からCS分類という手法をとって分析、それを全店で共有したり、「日常の感動アプローチ集」を作って、お客様に感動体験を提供できるように均質でスタンダードなおもてなしが展開できるよう試行錯誤を繰り返してきました。

こうした取り組みは一定の成果につながりました。しかし、スタッフごと、店舗ごとのサービスの質にはまだまだばらつきがあり、これが当ホテルの大きな課題でした。

全体の接客レベルが向上したのは、２０１７年10月から始まった京都大学との共同研究によってです。このプロジェクトがなかったら、現在の高いレベルのサービスの均質化が図れたかどうか、そしてお客様からこれほどのお褒めの言葉をいただき、喜んでいただけるホテル運営ができていたかどうかわかりません。

次章では、どのようにおもてなしを科学していったのか、暗黙知を形式知にして見える化していったのかについてお話ししましょう。

原教授の「おもてなしへの究極のこだわり」についての考察

京都大学の「おもてなし」の定義は「以《もっ》て為《な》す」

「おもてなし」といっても、一義的ではなく、いろいろな解釈・定義があります。

京都大学の私たちの研究グループでは、やや尖った解釈をしています。

接頭語の「お」を外した「もてなし」という言葉は、語源的には「以て（もって）」「為す（なす）」であると解釈しています。つまり、何を「以て」何を「為す」かという接遇の表現と機能の対応付け（テンプレート）はあるが、どのような接遇を行うかは未定のままであるという状態を示しています。そして、実際の接遇の場面においてはじめて、その未定の状態にその場の情報をあてはめ、具体的な指導を行うという考え方です。

このような考えに至った理由は、「おもてなし」はサービスの一種であり、提供者と受容者があらかじめどのようなサービスを受けるか具体的に決めておくのではなく、相互作用の中で望ましいサービスを作り上げていくという「価値の共創プロセス」が前提であると考えたためです。

このように「おもてなし」の意味やプロセスを捉えると、スーパーホテルの「おもてなし」は、決して属人的な作法や手順を提供しているものではないことがわかります。スーパーホテルの接客の特徴である、マニュアルを超えるサービスへの究極のこだわりは、できるだけシンプルで必要最低限の基準「サービススタンダード」の理解と、具体的な感動を与えた実例をまとめた「日常の感動アプローチ集」からなっています。

つまり、「何を以て何を為すか」という必要最低限の枠組みを理解しつつ、具体的な接遇の態度と実行については、その場の環境や状況を読み取りながら臨機応変に対応して、期待以上の感動を与えることを志向しているといえるでしょう。

経営者・管理者、スタッフ、ファンであるお客様が形成するコミュニティ

238ページで説明しているベンチャー支配人は、自ら感じ、考えて行動する経営者であり、また管理者でもあります。そして従業員・スタッフも、そのような気づきと、自分ごととして捉える当事者意識を持つ一員です。このような組織風土が、根幹にあります。加えて、お客様も価値を創出する一員であり、単なるお客様ではなく、ファンであるお客様が多いことも、こだわりの結果といえるでしょう。

このようなスーパーホテルにおける経営者・管理者、スタッフ、ファンであるお客様が形成する〝コミュニティ〟においては、共通目的の認識がなされ、高いレベルでのサービスの均質化につながっていると考えられます。

「究極のこだわり」がいくつも仕組み化されている

また別の考察として、「もの（プロダクト）」と対比した「サービス」の基本的な特徴であるＩＨＩＰを見てみましょう。

ＩＨＩＰとは、Intangibility（無形性）、Heterogeneity（異質性）、Inseparability（同時性）、Perishability（消滅性）という４つのサービスの特徴をまとめたものです。

無形性とは文字通り、形がなくさわれないという性質です。異質性は、受け手によって、サービス品質や価値を規定するにあたり、変動が大きい状況を示しています。同時性とは、サービスの生産と消費が同時に起こる状態を指しています。消滅性とは、サービスが貯蔵できない、たとえば、ある日のホテルの宿泊利用や飛行機の座席利用は翌日に持ち越せないことを表しています。このようなサービスの特性は、サービスそのものをビジネスとする場合、商品としての扱いにくさになっています。

しかしスーパーホテルは、サービスの見える化を積極的に図っており、提供する価値のわかりやすさが、サービス提供者、宿泊者双方に見てとれます。

また、異質性、同時性、消滅性については、サービスの特性を多面的に捉えたものですが、ファン作りによる高品質サービスの均質化により、これらの特性の扱いづらい点を改善しているといえます。

また「サービススタンダード」の提供は、推奨することに加えて、やってはいけないことを示しており、サービス価値の棄損の回避を行っています。そして「日常の感動アプローチ集」は、具体的な感動提供シーンの共有により、組織としての価値の再現につながっているといえます。

このように、スーパーホテルにおけるサービスやおもてなしの取り組みでは、究極のこだわりがいくつも仕組み化されています。その究極のこだわりが組織文化・風土にまで昇華し、お客様を含むいろいろな立場のステークホルダー（利害関係者）において、価値を生み出し、増大させているといえます。

優れた宿泊サービスは親近性（ファミリアリティ）を重視

京都に柊家《ひいらぎや》という200年余りの歴史をもつ著名な老舗旅館があります。柊家の玄関には「来者如帰」という、重野成齋の揮毫による書が掲げられています。この意味は「我が家に帰ってこられたように、おくつろぎいただけますように」というものです。

スーパーホテルもそうですが、優れた宿泊サービスは、「いらっしゃいませ」ではなく、「おかえりなさいませ」という親近性が重要なのだとあらためて認識できます。

ここでいう親近性とはファミリアリティ（familiarity）のことで、ごく日常的な行動による安心感、やすらぎを志向することです。その反対にあるのが新規性であり、ノベルティ（novelty）といわれるものです。たとえば、旅行などで非日常を体験したいという志向のことです。

どんなサービス、おもてなしを提供するのかは、親近性を重視するのか、あるいは新規性を重視するのかによって違ってきます。スーパーホテルではお客様の来店時に「おかえりなさいませ」と挨拶するというのは、このファミリアリティを重視しているということを端的に表現しているといえるでしょう。

コラム

8割がアルバイトの現場で提供される究極のおもてなし①

カウンターの外に出てお客様をお出迎えする

「おかえりなさいませ」が挨拶の基本

私たちはお客様がお見えになると、フロントカウンターから出て到着されたお客様をお出迎えしましょうと推奨しています。

おそらく多くのホテルでは、お客様が入っていらしたときにはフロントカウンターの内側にいて、お客様がフロントカウンターの前にくるまで姿勢を正してお待ちし、お迎えしているのではないでしょうか。

しかし当ホテルでは、お客様の到着に気づいたスタッフが、なるべくフロントカウンターを出て、お出迎えしています。

お出迎えの挨拶も「いらっしゃいませ」が一般的ではないでしょうか。しかし29ページでもお話ししたように、私たちは「おかえりなさいませ」という挨拶が基本です。お客様がリピーターであれ、初めてご利用される方であれ、一律に同じ「おかえりなさいませ」に統一しています。

お見送りはエレベーターまで

チェックイン手続きをすませたお客様には、スタッフがエレベーターまでお見送りしています。

一般的なホテルでは、フロントカウンターでチェックインの手続きをすませると、ルームキーをお渡しするなどした上で、その場で「エレベーターはあちらでございます」と指し示し、その場でお見送りすると思います。

しかし当ホテルでは、チェックインの手続きがすんで、お客様が客室へ移動される際には、スタッフは再びフロントカウンターから出て、エレベーターまでお見送りすることを標準としています。そして、エレベーターへ向かう、ほんのわずかな時間ですが、お客様に必要な館内案内などをし、かつ不明点などがないかを確認しています。

お客様の中には、とくに初めてご利用されるお客様の場合、チェックイン手続き時には、少々緊張もあって、ちょっと気になることがあっても、なかなか尋ねづらいと思われる方も少なくありません。

しかしそんな方でも、手続きがすむとちょっとほっとされ、エレベーターへ向かうときに、「そういえば、さっき聞きそびれたけれど」と、疑問に思われていることを質問してくださいます。ちょっとした疑問や不明点を残さないことで、より快適にお過ごしいただくことが可能になります。

コミュニケーションをとる際の空間管理の考え方では、人と人の立ち位置や角度によって、緊張感が生まれたり、安心感が生まれたりするといわれます。

正面で向き合うような位置関係は「理性の空間」と呼ばれます。この空間は意識する、しないに関わらず緊張や圧力を感じやすい空間だといわれ、重要な手続きや謝罪、契約を交わすといったシーンで有効とされています。

チェックイン手続きなどは間違いがあってはいけませんから、理性の空間の位置関係が良いとされ、カウンターをはさんで対面するのは合理的だといえます。

相手の斜め前の立ち位置は「情の空間」と呼ばれ、正面で向き合うよりも、緊張感が和らぎ、親近感を覚えてもらいやすい位置関係だといわれます。

チェックイン手続きを終えて、エレベーターにご案内するときのスタッフの立ち位置がこの「情の空間」です。

ちなみに相手の視界の外（相手の背面など）は「恐怖の空間」と呼ばれます。相手が見えない位置にいるとき、人間は恐怖心を感じるということです。

また、当ホテルでは、硬さや高さの異なる枕を8種類ご用意し、お好みの枕を選んでいただけるようになっています。パジャマもお部屋に用意するのではなく、フロント前などに用意し、必要な方にお持ちいただくようにしています。

こうしたサービスを案内するにも、エレベーターまでお見送りすることで、場所を案内しやすくなるというメリットもあります。

第 2 章

現場のおもてなしを科学する!
京都大学との共同研究とその成果

1

「京都大学×スーパーホテル」共同研究プロジェクトをスタート

■優れたおもてなしを言語化できないもどかしさ

2011年以降、スーパーホテルとしてさらなる成長を目指して、イールドマネジメント（↓157P参照）の導入や、各店舗における人員の増強、それに伴う教育研修など、さまざまな取り組みを加速させていました。

一定の研修を終えると、アルバイトであっても実践投入です。新人はなかなか上手におもてなしを提供できないのは仕方ありません。しかし慣れるにしたがってスキルもアップしていきますし、継続的な研修や、日々の「Faith up（↓146P参照）」もあるので、おもてなしの質はどんどん向上していきます。

また一方で、新人スタッフが接客スキルを高められたかどうかとは別に、お客様からいつもお褒めをいただけるような優秀なスタッフもいて、接客応対、おもてなしの品質のばらつきが問題視されるようになってきていました。

とくに、優秀とされるスタッフが、どんなおもてなしをしているのか。同様のおもてなしをしているとしても、何か微妙な違いがあって、その微妙な違いが高い評価につながっているに違いない。でも、それがどういうものなのかはわからないし、見ていてなんとなくわかるような気がしても、それを言葉にできない、言語化できないというもどかしさがありました。

■サービスへの科学的アプローチを模索する

当ホテルでは、ホテル事業をさらに成長させるために、社員教育にも余念がなく、その一環で、京都大学経営管理大学院のサービス・エクセレンス・コンソーシアム（SEC）が主催する「サービス・エクセレンス産学共同講座」に、社員を参加させていました。

このプログラムは、サービス経営に関する社会人向けの講座です。後にスーパーホテルとの共同研究を主導してくださる原良憲教授や嶋田敏講師をはじめ、各分野の専門家が講義を担当し、マーケティングやIT活用戦略など、先進のサービス経営理論を体系的に学べる講座でした。

当ホテルからは、社員研修の位置づけで、毎期、社員が受講していたのですが、2017年に受講した際に、当該講座の発展形として、「スーパーホテル×京都大学」で接客サービスに関する共同研究をやろうという話が出てきました。そして幾度かの打ち合わせを経て、2017年10月から共同研究がスタートしたのです。

大きな方向性としては、ホテルを運営するスーパーホテルで、ホテルスタッフの接客サービス・おもてなしの質的レベルアップを図る、スキルの底上げをするというものでした。

しかし、質的レベルアップとか、スキルの底上げといっても、一体どういう状態になれば、レベルアップや底上げが達成できたといえるのかという議論の中で、なかなか具体的なゴールラインの設定が難しく、明確な到達点を設定できないままの共同研究のスタートとなりました。

ただし、共同研究で取り上げるべき課題（当ホテルが直面している課題）は、「優秀なスタッフと標準的なスタッフの振る舞いの違いを明らかにし（可能なら言語化し）、優秀なスタッフの接客サービスを新人のスタッフが早期に実践できるようにし、サービスのばらつきを解消したい」

　このように明確でした。

■おもてなしは暗黙知、マナーは形式知

　そもそもおもてなしとは、辞書的な言葉の意味でいえば、「心のこもった接遇や歓待、サービス提供などを行うこと」です。相手に対して心をこめることがとくに重要なポイントと考えますが、このような「心のこもった」といったことは、具体的な知識として、誰もが同じ解釈ができるように定義することは難しいものです。

　その点、マナーは誰にでもわかりやすく、共通の理解が可能です。たとえば、「会釈の場合の上体の倒し方は15度くらい。お詫びの場合の上体の倒し方は45度を目安に」といわれれば、誰でもその形を実行できます。

　しかし、「上体を45度倒して5秒間頭を下げ続けても、心がこもっているとはいえません。10秒以上、頭を下げ続けたら心がこもっています」といわれても納得できる

人はほぼいないのではないでしょうか。
「お詫びのときは10秒下げ続けなさい」といわれれば、その通りにやれますが、「心をこめてお辞儀しなさい」といわれても、どういうお辞儀が心のこもったお辞儀なのかは人それぞれ、明確ではありません。

そのため、「おもてなしは暗黙知」とよくいわれます。暗黙知とは、「個人個人の経験や勘、感性などに基づく、簡単には言語化できない知識」のことです。

まさに、おもてなしは暗黙知です。対するマナーは形式知です。形式知は、「明文化・言語化された客観的な知識」のことで、言葉で伝えることも、マニュアルとして教示することも可能な知識です。

「おもてなしの科学化」とは、このような暗黙知であるおもてなしを、科学的に解き明かして、形式知化しようというアプローチのことです。

■再現性につながることを観測し、分析して検討する

もちろん、おもてなしのすべてを形式知化できるとは限りませんが、かといって、

まったく形式知化できないというものでもありません。

そもそも、実際におもてなしが提供されるシーンは観測可能です。ですから、まずは、スタッフがどのような振る舞いをしているのかという具体的に目で見ることのできる行動を観測し、その観測を通じてわかりにくい部分を少しずつ紐解いていく。それによって、暗黙知だったものを形式知化していきました。

科学的に解明し、形式知化するということは、再現性を担保できなくてはなりません。つまり、同じ状況、同じ条件下であれば、同じことを実行することができて、かつそれによってもたらされる結果が、ほぼ同じになるということです。しかし実際問題としては、この再現性がとても難しいというのも事実です。

ある状況下で、こういう振る舞いをすると、相手方であるお客様のこういう部分に働きかけることができるといった再現性につながるようなことを観測し、分析して検討します。これが私たちスーパーホテルが目指した「おもてなしの科学化」です。

同じおもてなしを提供していても、お褒めの言葉をいただくスタッフとそうでないスタッフがいる。それはなぜなのか。私たちは悩んでいました。

共同研究で取り組む「おもてなしの科学化」ということに、求めている答えがあるのではないかと、関係者の期待は膨らみました。

■「日常の感動アプローチ集」すら科学ではなかった

私たちがお客様のアンケートを集計・分析し、かつ各店舗から情報を集めて、お客様から評価の高いおもてなし、接客サービスについて、全国の店舗で情報共有し、より多くのスタッフが実践できるようにという目的で作成した「日常の感動アプローチ集」。これですら、とても科学化には程遠いものだったということに、私たちも気づかされることになります。

「日常の感動アプローチ集」自体、それまでは特定の店舗、あるいは特定のスタッフの取り組みに過ぎなかった暗黙知のようなものを、全国の店舗スタッフが共有できるように明文化したという点では、形式知化にはなっていました。

しかし、あくまでも現場スタッフへのヒアリング程度しかしていませんし、検証などはまったくしていませんでした。単に「こういうことをやっていました」という事実を紹介しているだけで、その振る舞い自体が本当に良いものなのかどうかも明確ではありませんでした。

京都大学との共同研究によって、そうしたことについても実証できる可能性が出てきたことで、私たちの期待はどんどん膨らんでいきました。

次節からの解説は、共同研究の中心メンバーのおひとりである京都大学の嶋田先生にバトンタッチします。

2

「良い接客とは何か？」の定義づけから始まった

■そもそも「優れたおもてなし」の優秀さって？

「京大×スーパーホテル」共同研究は、基本的には1年単位で進められます。初年度にあたる２０１７年だけはスタートが10月だったので、半年でいったん収束させていますが、それ以降は、毎年４月から翌年３月までの１年を単位として活動を続け、現在も継続しています（２０２４年2月時点）。

まず最初の半年で、「優れたおもてなし」の優秀さとはどういうものなのかについて、スーパーホテル側と京大側とで共通認識を作り上げました。この認識にズレがあると、求めるアウトプットが正確なものではなくなってしまうからです。

スーパーホテルが考える「スーパーホテルの良いところ」とはどんなところか。「優秀なスタッフの優れた振る舞い」とはどのようなものか。それと比較した場合に標準的なスタッフでは、どういう点が足りていないのか、違いはどこにあるのかが明確になっていませんでした。そこで、そうした点について確認するところから、共同研究はスタートしました。

まずは、「優秀なスタッフはどこが優秀なのか?」について、さまざまな観点からの洗い出しを行いました。

かつ、スーパーホテルが考える良い接客、良いサービスとはどういうものなのかということの確認も行いました。そもそも何をもって良いと評価するのかという評価軸が明確でなければ、何を研究すればいいのかもわかりません。ですから、この最初の作業はとても重要なポイントのひとつでした。

スーパーホテルとしては、自分たちが考える「良い接客」がどういうもので、私たちがお客様に提供したいと考えているおもてなしとは、どのようなものなのかという点について、ある程度の言語化というか、相手に伝えるための表現を固めることができました。

一方の研究側としては、何を観測・計測すれば、スーパーホテルが考える「良い接客」かどうかを判定・評価することにつながるのか、少なくとも「良い接客かどうか」を議論する上で、参考になるデータを得られるのかという指標を、最初の半年で明確化できました。

調べるテーマによっては、スタッフの振る舞いや発言を観察するほうがいいのか、それを受け止めているお客様の様子（それを受けて、どう思っているのか）を観察するほうがいいのかについても、メンバー間で議論しながら決めていきました。

また、実際に調査・観察を進めていくと、ある調査・観察をしたことで、そこから派生する形で、新たな疑問や関心事が発生してしまうということも多々ありました。その枝葉ともいうべき疑問や関心事が、研究視点で見たときに、何か意味がありそうに見えると、やはりそれなりの掘り起こしをせずにはいられないということになります。そして、実際に深掘りしてみると、枝葉どころではなく、実は大きく太い幹だったということも、時にありました。

そのため、トータルで調査・観察の全体像を決めて、その全体計画に沿って進めるというよりも、直近のマイルストーンだけ目指して研究を進め、そこで新たな課題から観察すべき何かが明らかになればそこを深掘りするというように、次のマイルストーンをどこに置くかを常に模索しながら進めていきました。

1年間という区切りをもって進めていた共同研究ではありますが、年間の計画が最初から明確に決まっていて、それを粛々と進めていくというスタイルのものではなく、そのつど課題が明らかになり、その課題の重要性を評価して、必要なら深掘りするという流れで、少しずつ前進していくというスタイルでした。

とても大変な取り組みではありましたが、そのおかげもあって、きちんと成果に結びつけることができています。

■研究のゴールとホテルの現場が目指すゴールの違い

スーパーホテルとしては、この共同研究の結果として、「当ホテルが考える優秀なおもてなしとはこういうものだ」が明確になった時点で、知見をまとめて教育研修ツールを開発し、スタッフが気づきを得て実践にうつしてもらっています。

もっといえば、そうした投げかけをして、それを現場のスタッフが着実に実施して、それによって、お客様の満足度が上がる、あるいは感動体験が増える、というところに至ることがゴールです。

しかし一方で、大学側の研究のゴールとしては、その研究によって何かの結果が導き出されたとして、その結果は汎用性のあるものなのか、たとえば、スーパーホテル以外のホテルや、あるいはホテル以外のサービス業においても通用するのか、再現できるものなのかというところまで昇華させる必要があります。

そうした、現場サイドのゴールと、研究サイドのゴールの違いはありましたが、結果としては、スーパーホテルだけに通用する、あるいはホテルだけに通用する「科学化されたおもてなし」もあれば、どんなサービス業にも通用しそうな「おもてなし」もありました。

まだまだ共同研究は現在進行形です。ですから、汎用性のある接客サービスのあり様として研究成果が発表されるのは先のことかもしれませんが、きっとサービス業に携わる方々には、有益なものになると確信しています。

3

事前の情報確認行動やチェックイン業務を定点観測する

■何に着目するべきか？

まず「優秀さ」を定義づける目的で、何をもって優れた接客とするのかをリストアップしてみました。

いろいろな要素が挙げられ、お客様と話すときの声の大きさや抑揚のつけ方、話すスピードといったものまで、優秀者には特徴があるという話が出たりもしました。

確かに心地よい話し方であるとか、相手に安心感を与える抑揚や声量、声質といったものも接客の要素としてあることはあるのでしょうが、たとえそれが明らかになったとして、「もっと高い声を出しましょう」といったことを研修項目に盛り込むことはあまり現実的ではありません。

もしその点が重要だと判明したとしても、改善策に組み込むことができない、あるいはできるとしても極めて難易度が高いようなものは調査項目に加えるべきではないだろうという結論に至り、それらについては取り上げないことにしました。

「これが重要な項目だ」と挙げられたもの一つひとつについて、そうした議論を重ねた上で、まず取り上げるべき項目を「接客時のどんな行動や振る舞いがお客様の満足や感動につながっているのか」に絞りました。

そもそもマニュアルを完璧にこなすことは優れた接客といえるのか、あるいは、マニュアルを超える接客をしている場合は、優れているといっていいのかという根本的な点を明らかにしようとしました。

優秀者と標準者では、「接客時の行動や振る舞いに差があるからこそ、評価に差が出ているのだろう」という仮説に基づいて現場観察を行うことにしたのです。

たとえば優秀者はマニュアルを超える接客をしているとして、それはどのような行動や振る舞いなのかを明らかにすれば、優秀さの一端がわかると考えたのです。

スタッフがお客様に接するシーンは多々ありますが、いったんは、最初の顧客接点でもあるチェックインに絞って調べることにしました。

調べ方はシンプルです。観察対象となるスタッフを、優秀スタッフと標準スタッフに分けて、それぞれのチェックイン業務を観察するというものです。およそ計100回分のチェックインを観察し、最終的に優秀スタッフ27回分、標準スタッフ48回分のデータを分析するという手法をとりました。

■チェックイン業務を観察する

フロント業務の基本的なオペレーションマニュアルはありましたが、チェックイン時のプロセス手順が大雑把なものであったため、担当者によって手順にばらつきがあり、まずはそこを整理する必要がありました。

どのようなプロセスで、チェックイン時にお客様に応対すべきかの手順を細部まで明確にし、その流れに沿ってチェックインのオペレーションがなされているかどうか、さらには、そのチェックイン業務中の担当スタッフの行動や振る舞いを観察によって確認・把握する必要があったからです。

チェックイン手続きを、スタッフとお客様の活動として、次ページのようなチャートにしました。

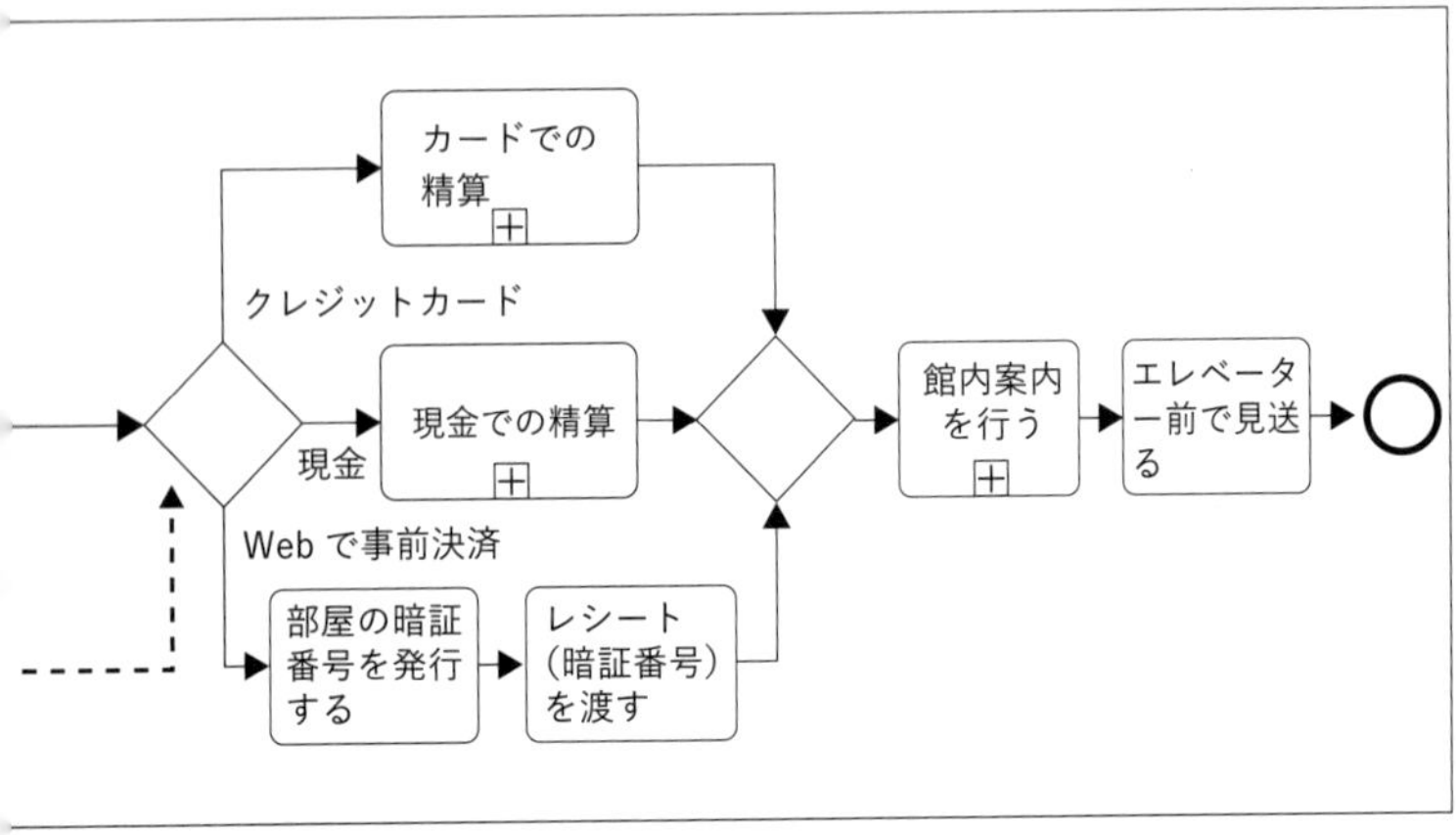

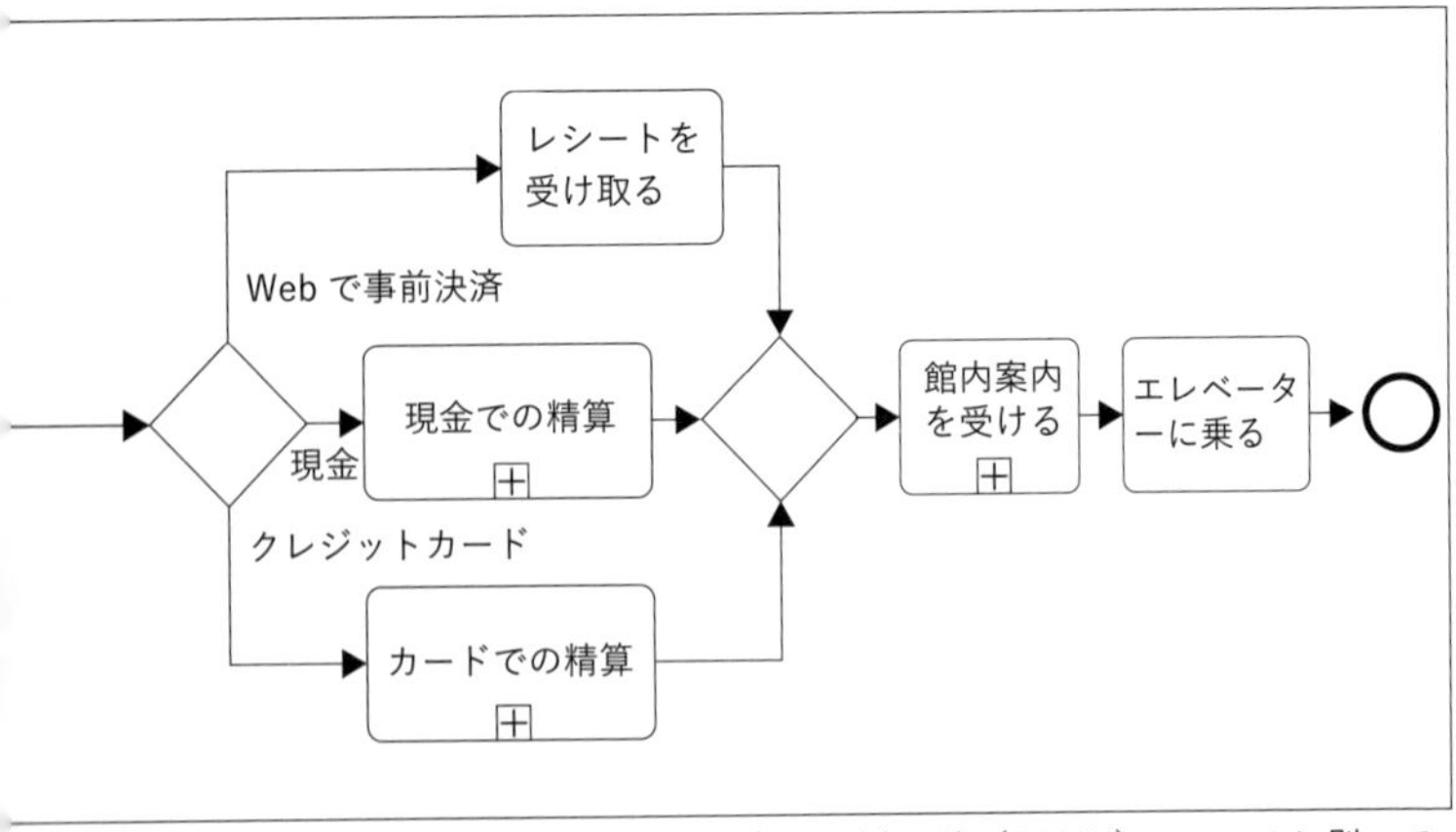

業務プロセスのモデリング表記法（BPMN）のルールに則って描いたフローチャート

○＝開始　○＝終了を意味する

入店からチェックイン手続き、客室へのお見送りまでを観察

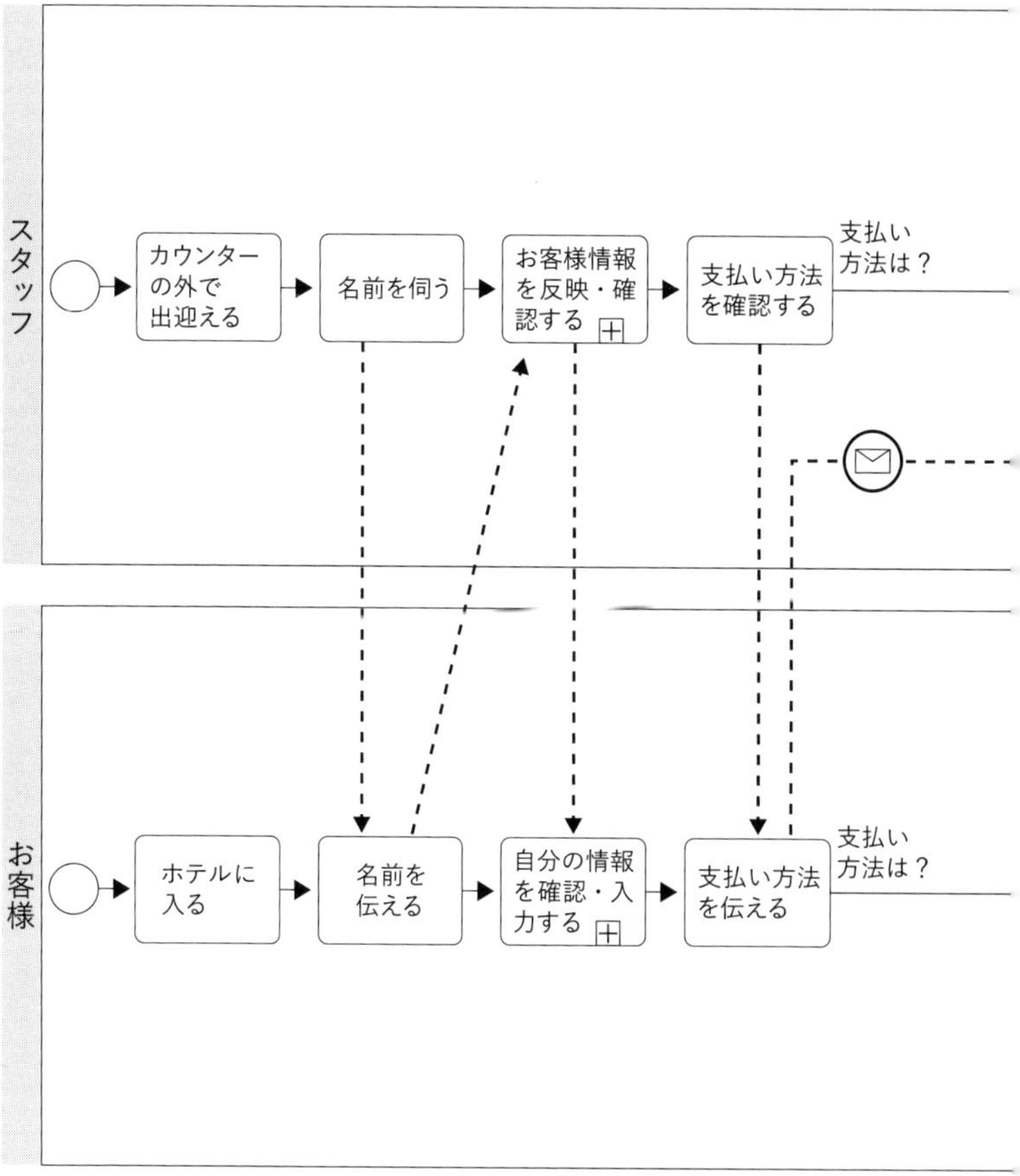

フロントのオペレーションマニュアルはあったが、チェックインにおけるプロセス手順が細かく明示されていなかったため、人によってばらつきがあった。優秀者と標準者の接客行動分析を実施する前に、業務マニュアルを整理する必要があった。

観察者は、お客様が入店されてからチェックイン手続きをすませ、エレベーターで客室に向かうまでの一連の流れの中で、スタッフがどのような行動や振る舞いを見せるかを、先のチェックイン業務のマニュアル・チャートに即して観察していきます。

■優秀者はどこに時間をかけているのか？

この観察を通じて、優秀者と標準者の違いがいくつか浮き彫りになりました。そのうちのひとつが、業務にかける時間です。

チェックイン業務の流れの中では、まずは「お出迎え」業務があり、それに続いて「チェックイン手続き」「手続き完了後の館内案内」、そして「エレベーターへのお見送り」という一連のアクションがあります。

結果として、「お出迎え」「チェックイン手続き」「館内案内」、それぞれで優秀者と標準者では、かける時間量に差異が見られました。

ちなみに、お客様については、初めてスーパーホテルを利用される「新規」と、この店舗の利用は初めてだが、他の店舗を利用したことがある「チェーンリピーター」、当該店舗が2回め以上の利用である「店舗リピーター」の3タイプに分けて、それぞ

優秀者と標準者の行動分析【お出迎え】

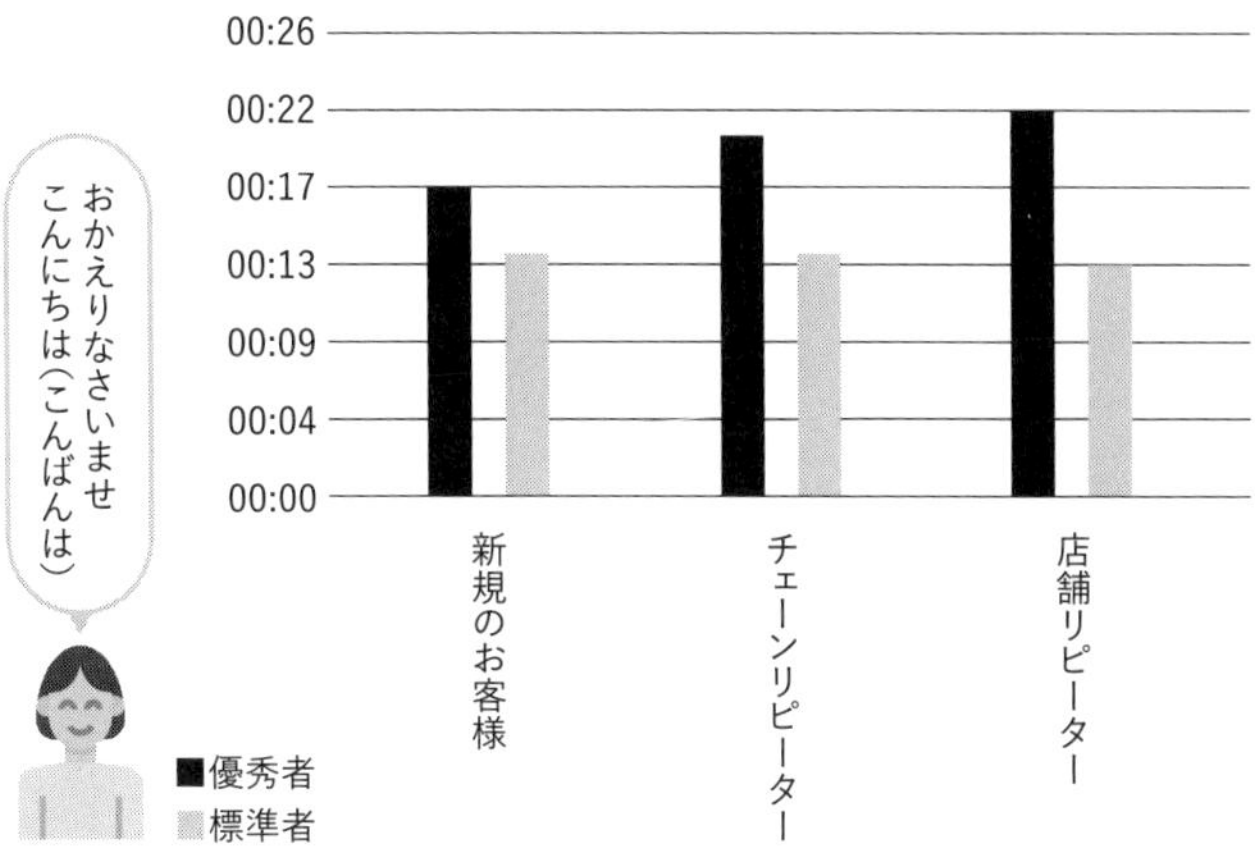

れの接客を観察しました。

◎お出迎え

お客様が入店された際、スーパーホテルでは、フロントから出てお出迎えすることを基本としています。その際、「おかえりなさいませ、こんにちは（こんばんは）」とお声がけします。お客様が新規かリピーターかに関係なく、「第二の我が家」としてくつろいでいただくためのおもてなしです。

このとき、優秀者は17秒から22秒ほどをかけて、お客様をお出迎えしています。これに対して、標準者は13秒ほどです。5秒から10秒程度、優秀者のほうが

優秀者と標準者の行動分析【チェックイン手続き】

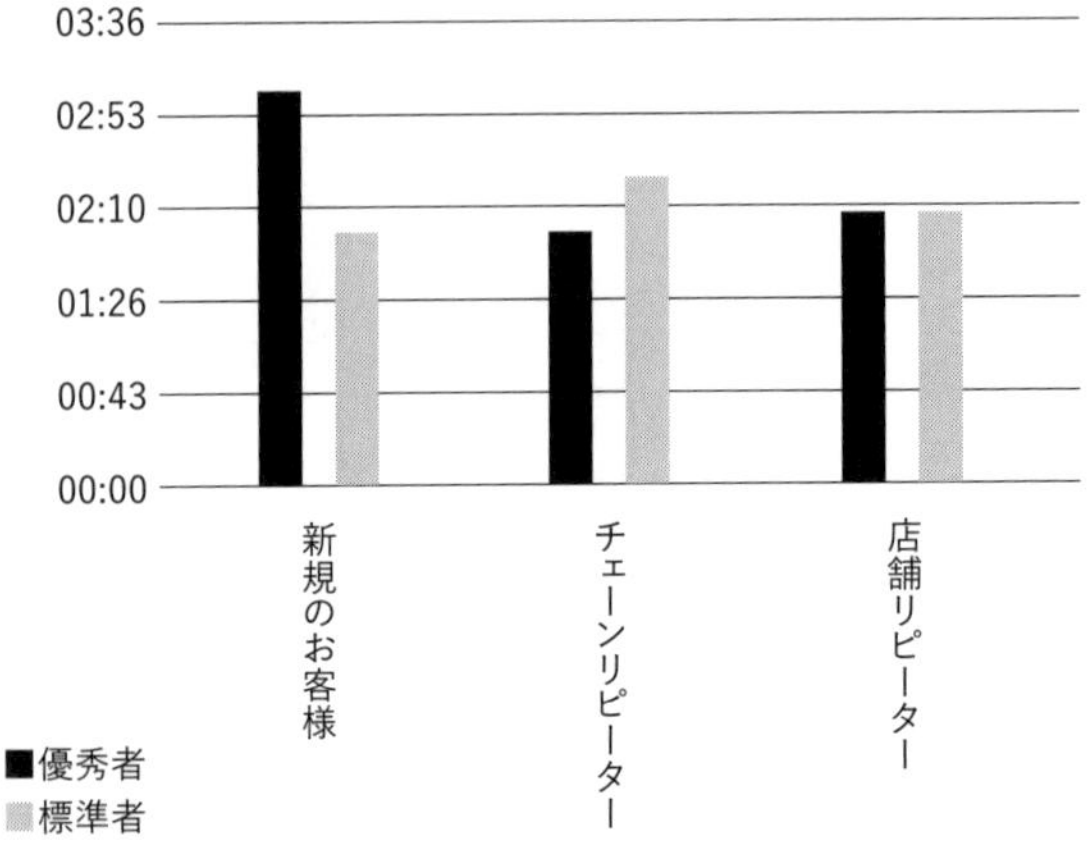

長くお客様と接しています。

◎チェックイン手続き

お出迎えの後、フロントまでお客様を誘導し、チェックイン手続きをします。

このとき、優秀者は新規のお客様に対してかける時間が最も長くなっています。それ以外は、優秀者も標準者もほぼ2分前後です。

◎館内案内

チェックイン手続きがすんだ後、館内案内をします。優秀者も標準者も、新規のお客様への案内には時間を多く使っています。

優秀者と標準者の行動分析【館内案内】

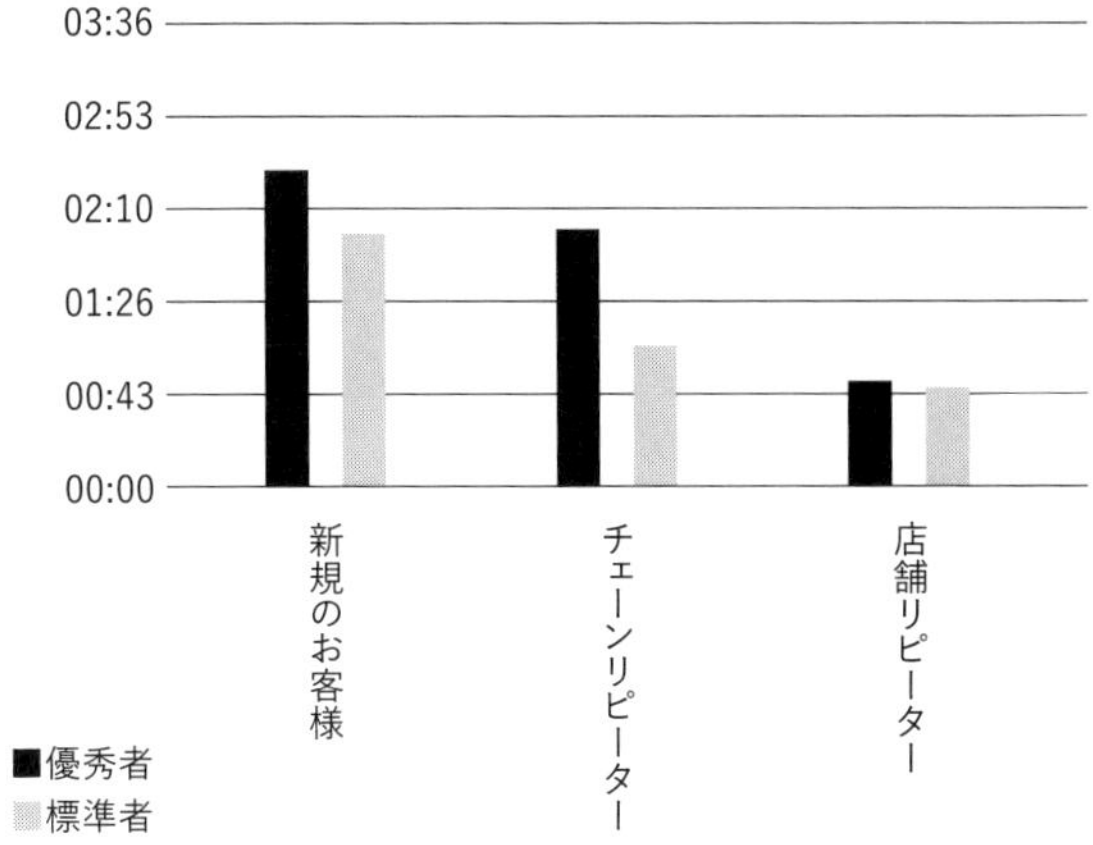

特徴的な有意差が表れたのは、他店の利用経験があるチェーンリピーターに対する館内案内の時間です。平均値として標準者が1分程度であったのに対して、優秀者はその倍の約2分かけていました。

さらに顕著な違いとして、時間のばらつきの大きさがありました。優秀者のほうがチェーンリピーターに対して、時間がばらつくという傾向があったのです。

観察後に、実際にどんな接し方をしたのかを優秀者に聞いたところ、お客様に接する時間の長さを説明できる理由が確認できました。

お出迎えのシーンでは、優秀者は規定の声がけだけでなく、それ以外のコミュニケーションもとっているのです。

規定の声がけは、すべてのスタッフがやっています。ここまでは時間差はほぼないはずです。優秀者が接する時間が長くなるのは、個々のお客様の様子を観察した上で、規定の挨拶とは違う声がけをしているからです。

たとえば、ちょっと汗ばんでいるお客様であれば、「お暑いなか、お越しいただきありがとうございます」とか、「今日は暑いですね」と一言添えています。

また、その日に来店されるお客様のことを事前に予約データで確認し、入店した時点でどのお客様なのかが特定できれば、そのお客様向けのお声がけをするなどです。

とりわけ、リピートのお客様に対しては、前回の宿泊のお礼であったり、チェーンリピーターであれば、「□▽◎でのご宿泊はいかがでしたか」など、臨機応変に一言を添えているのです。

チェックイン手続きの際には、新規のお客様に対する優秀者の対応時間が最も長く、これは、より丁寧な説明、案内を心がけている結果だと容易に想像できます。

そして館内案内では、「チェーンリピーター」のお客様に対応する際の時間が、優秀者では大きくばらついていました。

これは、お客様との会話の中で、そのお客様がスーパーホテルのことについて何を知っていて、何を知らないかを確認しながら、案内すべきポイントを選択してご説明するというやり方をしているからだということがわかりました。

新規のお客様であれば、当然すべての項目を案内します。チェーンリピーターであれば、すでに経験されているわけですから、すべての項目を確認程度ですますことも可能です。しかし、他の店舗は使ったことがあっても、自店は初めてというお客様だと、お客様の様子に応じた対応が必要になり、新規と同程度に時間をかけて丁寧に説明することもあります。一方、他店舗での利用でも直近のため覚えていることが多いと、チェーンリピーターのようにご案内を省略し、手短にすませる場合もありました。

■優秀者は来店以前にお客様の情報を確認している

この観察調査を通じて最も大きな発見だったのは、優秀者はおしなべて、「事前にお客様の情報をしっかりとインプットしている」ということでした。

これからいらっしゃるお客様は、新規なのかリピートなのか、リピートの場合、前回どこに宿泊されたのかという情報を確認していたのです。そうした情報をインプットした上でお客様と接しているからこそ、話題を広げることもできるし、コミュニケーションを円滑に膨らませることが可能になっています。

しかも、優秀者は今日宿泊されるお客様の情報を一度確認してすませるのではなく、時間の許す限り、何度となくデータにアクセスしていました。おそらく、タイミングを変えて、何度となくお客様情報に接することで、その情報を基に「こんなことをお話ししよう」と、お出迎え時の〝一言ネタ〟を準備していました。

さらに観察調査の後で対象者にインタビューをした際、優秀者のほとんどは、接客という仕事がとても好きで、お客様に何かしら喜んでいただきたいというホスピタリティマインド（おもてなし精神）のようなものがとても強いということが、インタビュー中の話し方やその内容からもわかる印象でした。その熱意が根底にあって、事前にお客様の情報について可能な限り確認するという行動につながっていたのです。

■優秀者はどんなことを話せばいいかを探るために何度も閲覧

ここで導き出される結論のひとつは、優れたおもてなしのためには、単なるスキルだけではなく、どんな目的で接客をするのか（スーパーホテルでいえば、満足を超えた感動を提供するということ）について、つまりはスーパーホテルの理念をきちんと理解した上で、〝お客様のために〟というホスピタリティマインドが根底に必要だということです。

もちろん、「事前にお客様情報を確認しましょう」ということは、マニュアルにも記載があります。ですから、業務の基本的な流れの一環として、ほとんどのスタッフが、事前にお客様情報は確認しているはずなのです。

ただし、何度も確認しているスタッフは多くはなく、かつ優秀者は最初から情報を活用（話題づくりのため、あるいはどんなことを話せばいいかを探るため、探索的に情報に接している）する目的で閲覧しています。この点が優秀者の特徴だということが明らかになりました。

■調査を通じて再認識された「優秀さ」

共同研究の調査のはじめに、「接客時の行動や振る舞いに差があるからこそ、評価に差が出ているのだろう」という仮説に基づいて現場観察を行い、業務にかける時間の定量評価を通じて「標準者に比べて、明らかに、より時間をかけてお客様と接している」という事実が示されました。

そして、その事実をインタビューで深掘りしたときに、その接客を支える「事前の準備」が判明しました。これは、最終的なお客様の評価につながる「接客時の優秀さ」を実現するために、「お客様の来店前」にメスを入れる必要があるという発見です。

このように、実際に研究を進める中で生じた新たな疑問や関心事について、活動の軸となる「おもてなしの科学化」を踏まえて見直しながら研究を進めていくことで、より本質的な課題へと取り組めるようになりました。

4

スタッフのホスピタリティマインドを計測する

■なぜマニュアルと違う行動をとったのか?

観察調査は、調査者が手元に持つチェックイン業務に関するマニュアル・チャートを参照し、そこに書かれている手順通りに手続きを進めているかどうかを確認しながら進められました。

マニュアルは、あくまでも基本的な流れとして設定されたものです。お客様の様子や実際の振る舞いに臨機応変に対応すれば、多少はマニュアルから逸脱することはあります。場面ごとで、お客様へのサービスレベルがよりアップするようなマニュアルからの逸脱であれば、それはむしろ歓迎すべき行動や振る舞いといえます。

スタッフの動きを観察していると、優秀者も標準者にも、ある程度、マニュアルとは異なる行動や振る舞いが見られました。しかし、そのこと自体は問題ではなく、研究チームが注目したポイントは、その理由にありました。

マニュアルと異なる手順でチェックイン手続きが進められた際に、その後のインタビューで「あのとき、なぜ、あのような行動をしたのですか？」と問うと、標準者の多くは「自分だったら、こうしてほしいから（あるいは、自分だったら、こうしてほしくないから）」という理由でした。自分自身がお客様の立場だったら、という視点が軸になって、よりお客様のためになる行動や振る舞いを行っていたということです。これは、ある意味で主観的な状況判断だといえます。あるいは状況判断が主観的というよりも、状況観察の視点が主観的だということもできます。


たとえば、時計を頻繁にチラチラ見ている人を見たときに、「きっと、この方は短気な性格で、イライラしがちな人なのだ」と解釈するケースと、「ひょっとしたら、この方は何か次の予定があって、それに遅れそうで急いでいるのかもしれない」と解釈するケースもあります。

フロント業務でのシーンを例にすると、チェックイン手続きの際にそのお客様が時計をチラチラ見ていたとすると、「短気でイライラしやすい人」と判断するか、「何か予定に遅れそうで急いでいるのか」と推測するかということです。相手の性格など内面に起因する行動だと考えるのか、その人のおかれている状況（その人を取り巻く環境）に何か原因があると考えるのかの違いです。

心理学的には対応バイアスといい、他者の行動が、内的属性に基づいて生じたものだと評価する傾向のことをいいます。時計をチラチラ見る様子を見て、「イライラしやすい短気な性格の人」と判断するのは対応バイアスです。

相手の行動を見て、それが内的属性（性格など）に起因するとしたならば、対応の幅は狭くなります。「性格なのだから仕方ない」となってしまいます。

たとえば、「時計をチラチラ見ている、イライラしている、短気な性格、できるだけ急いで手続きをすませよう」となり、チェックイン手続きの中で支障のない部分を省略して、チェックイン手続きをできるだけ早くすませるようにするのです。

自分が短気な性格でイライラしていたら、チェックイン手続きは早くすませてほしいと思うだろうなという主観的な状況判断と、それに伴う行動ということになります。

しかし優秀者の多くは、そうした視点を持っていませんでした。相手の行動の原因を内的属性ではなく、その人がおかれた環境に見出そうとします。「何か、急いでいるのだろうか」と。

そう考えられると「チェックインの後、何かご予定がおありですか?」と尋ね、「ある」といわれれば手続きを急ぎ、「ない」ということなら、相手をリラックスさせられるような会話を心がけながら粛々と手続きを進めるといった、臨機応変な対応が可能になります。

■観察ポイントはスタッフによってさまざま

お客様を観察したときに、その見える部分（イライラしてそうとか、時計を何度も見るとか）の情報から、何をどう解釈するかは人によって異なっていることは、前項で触れた通りです。

さらには、もうひとつスタッフによってポイントが異なるのが、「どこに注目して観察しているか」という点です。

イライラしてそうとか、時計を何度も見るというのは、そのお客様の全体的な観察によって見つけられますが、もっと細かい情報を得るためには、さらに細部を見る必要があります。

この点においても、優秀者と標準者では違いが出ました。優秀者の場合、お客様が入店された瞬間（フロントにいて、お客様がエントランスに入ってきた瞬間）に、表情・しぐさ・服装、そして荷物までを確認していました。

荷物の大きさを見て、一泊の予定なのか、連泊の予定なのかをある程度予測します。その日、たまたま連泊の予定のお客様が少なければ、どのお客様なのかを推測することも可能です（優秀者は事前に、かなり細かく予約情報を確認している）。

それによって、出迎えの一言にも、連泊のお客様によく使うフレーズを使うようにするとか、館内案内のときにはコインランドリーの説明をしっかりしようといった、そのお客様への接客ポイントを自分なりに組み立てていました。

■お客様観察の重要性を認識し、ワークショップを導入

優秀者は、お客様がおかれている状況を把握しようと努め、お客様の様子を細かく観察して、一つひとつの情報からお客様の理解へとつなげていき、状況に応じた臨機

応変な対応で接客を遂行しようとしていることがわかりました。

とても大切なことだとはわかっても、それをすべてのスタッフに一朝一夕に課することができるかといえば、非常に難しいことのように思われました。

しかし、じっくりと時間をかけて、ものの見方、捉え方、そして考え方を身につけてもらうことは可能だと考え、ワークショップという形でお客様観察について身につけてもらうようにしました。

お客様役が入店されてから、フロントでチェックイン手続きをすませるまでの動きを、寸劇のような動画にして、数名のワークショップ参加者がそれを見て、どこに注目し、何を考えたのかをディスカッションするワークショップです。

目的は、「こんなお客様のときには、こうしてほしい」というような、接客サービスを型にはめるような研修ではなく、あくまでも広い視点でお客様の様子を観察することの重要性を理解してもらう研修であり、そのためのワークショップという位置づけでした。

実際、同じ動画を一緒に見ているにもかかわらず、人によって注目したポイントも違えば、同じポイントに注目しながらも、違う感想を持つなど、まさにスタッフによって千差万別でした。

こうしたワークショップを2〜3回やった程度では、着実に、そして適切にお客様の様子を観察できるようになり、それによってサービスレベルが飛躍的に向上するということはないかもしれません。

しかしながら、このワークショップを通じて、同じものを見ていても、着目ポイントも、そこから読み取る情報も、人によって違うということを実感できます。そこに気づくと、自分のものの見方が必ずしも唯一絶対のものでなく、また、得た情報をどう解釈するかも一様ではなく、そこにはバリエーションがあって、もしかしたら、そのバリエーションのほうに正解があるのかもしれないと、想像力を働かせることができるようになります。気づきが生まれるといってもいいでしょう。

優れたおもてなしを実践するためには、その気づきこそが大事なのだということを、このときの調査は私たちに教えてくれました。

そして、その知見を基に実施している「観察力・想像力を養う教育プログラム」というワークショップは、着実にスタッフのおもてなしスキルの向上に役立っています。

第1回めの実験で「お出迎え」「チェックイン」「館内案内」の中で「お出迎え」に差が見られたため、第2回めの実験では、「お出迎え」の際に優秀者と標準者がどこを見て何を判断しているかを分析する実験を行った。

お客様役がEV～フロントに来るまでの【お出迎え】を観察⇒記録する

アイトラッキングで「どこを見ているのか?」を分析⇒優秀者が無意識で見ているポイントをモデル化する

観察力・想像力を養う「ワークショップ」を導入

VTS教育法を用いて、観察力・想像力・コミュニケーション力などの【感性】を養うことができる

スタッフの観察ポイントを分析（一例）

	観察ポイント	Aさん	Bさん	Cさん	Dさん
1	目線	キョロキョロ うつむき加減	キョロキョロしている	入口からカウンター一まで下を向いたまま	右側を見ている フロントを見ながら来られた
2	足取り	迷いのない足取り	迷いなくフロントに来られた 歩くペースや動作がゆっくり	ゆっくり	直線的にフロントに来た フロントに来るときにわざわざ外側から回って来られた EVから迷いなくフロントに来られた
3	表情	笑顔	笑顔 無表情	笑顔 微笑んでいる	優しい表情
4	しぐさ	時計を見ている 顔と首を斜めにしている	ため息をつかれていた	携帯見ながら入ってこられた ため息をつかれた	時計を見てフロントに来られた 手を動かしている
5	服装	フォーマルな服装 上着を手に持っている	ピアス・ネックレス ヒールをはかれている	手にジャケットを持たれている	スーツ姿
6	荷物	携帯 スーツケース コンビニ袋 ジュース 左手に紙を持ってる	お茶 予約の紙 雑誌	スーツケース レジ袋	コンパクトなスーツケース 食事が入っている袋 飲みかけか飲み終わっているジュース缶 左手に地図か予約の用紙 雑誌か観光マップ
7	身体的特徴				

5

優秀店と標準店の1日の業務の流れをチェックする

■定点カメラを5台設置、スタッフの声はボイスレコーダーに録音

共同研究の初期段階では、優秀者と標準者の比較・対比によって、「優れたおもてなし」がどういうものかについて、行動や振る舞い、あるいはその行動や振る舞いに至る思考や観察点・着眼点の違いといったものを明らかにする調査・観察を実施しました。

その結果の一端は、すでにご説明した通りです。

実は、共同研究においては、人にフォーカスした調査とは別に、店舗自体の差についても調査しました。ここからは、店舗レベルの調査とその結果から得られた知見について紹介しましょう（フロント業務に絞ったものです）。

まず調査は、接客評価の高い優秀店と標準店、それぞれに定点カメラを5台ほど設

置し、フロントでの人の動きなどがわかるようにします。さらに、スタッフには全員にボイスレコーダーを持ってもらい、お客様との会話も、スタッフ同士の会話もすべて記録し、分析対象としました。

そうして、各調査店舗における1日の業務の流れなどを確認しました。

■優秀店ではお客様についての会話が多い!?

この調査によっても、多くの知見を得ることができましたが、ここでは、そのうちのひとつを紹介しましょう。

それは優秀店においては、お客様についてスタッフ同士の会話が、標準店に比べて、とても多かったということです。

誤解のないように申し上げておきますが、ここでの「お客様についての会話」というのは、お客様のパーソナルな部分について話しているのではありません。その後に、そのお客様への対応をより良くする上で役立ちそうな情報をスタッフ間で共有するための「お客様情報についての会話」です。この会話の時間が優秀店では明らかに長くなっていました。

たとえばスタッフの入れ替わりの際の引き継ぎで、「○号室の××様、いま夕食に出られているけど、◎時くらいに戻ってくるって、おっしゃっていたよ」とか、「さっきご紹介したレストランの食事がすごくおいしかったって、喜んでいらっしゃいました」、あるいは「明日のご出発が早いらしくて、朝食のスタート時間をとても気にされてました」といった情報をやりとりしていたのです。

スーパーホテルでは、宿泊客に関する申し送り事項などはシステムに記録して、すべてのスタッフが必要に応じて確認できるようになっています。ですから、重要な申し送り事項はシステム上で記録・確認するので、ヌケ・モレがありません。

ただ、「紹介したレストランの食事がおいしいといわれていた」といった内容の情報は申し送り事項、あるいは顧客情報としてシステム上に記録するようなものではありません。しかし、そうした情報もスタッフ間では雑談という形で共有していたのです。

■アウトプットは難しいが重要な知見

さて、「優秀店では、雑談レベルでお客様についての情報交換が頻繁に行われていた」というのが、共同研究によって明らかになったひとつの事実として判明しました。そして、お客様についての情報交換に積極的であるということは、お客様をもてなすということについてのスタッフのコミットメントが強いことの表れだと解釈できます。関心を持つというのが、何より大切なことなのだと思います。

しかし、この知見をどう形式知化すべきかという点については、少々難しい側面がありました。

「業務時間中、積極的に雑談してください」ともいえませんし、「お客様のことを、どんどん話題にしてください」というのも正しくありません。

かといって、「お客様に関することは、どんな些細なことでも記録に残しましょう」というのも、結果的には情報そのものが散漫なものになり、逆に有用な情報が隠れてしまう危惧もあります。

結局のところ、この知見については、現時点で具体的なアウトプット（接客への反映や研修としての活用など）には至っておらず、この知見をどう生かしていくかは、現在進行形の課題ということになっています。

共同研究では、このように、「観察された事実として、こんなことがありました」という事実を多数発見することができました。

多くは、その事実に基づいて、オペレーションを変更したり、教育研修に取り入れたりして、形式知として活用できているものが少なくありません。

しかし一方で、この例のように、観察された事実には、量的にも明らかな違いがあるものの、それを再現可能な行動や振る舞いに落とし込めるかというと、そうでもないものもありました。

場合によっては、そうした事実については、さらに深掘りすべく、仮説を立て、検証を行うことで、より活用しやすい知見に昇華できるのかもしれません。

6

接客の17項目と顧客満足の相関性を計測する

■スーパーホテルらしい接客サービスを言語化した上でアンケート調査を実施

共同研究では、お客様の属性によって満足度に違いはあるのか、あるいは属性によって求めるサービスに違いはあるのか、ということについても調査しています。

ここでは、その取り組みについて、簡単に説明します。

まず、ここまで説明した調査結果も踏まえ、「スーパーホテルらしい接客サービス」を言語化し、17項目に分類しました。

その上でお客様にアンケート調査を実施し、「この17項目の中で、お客様自身が重要だと思うものはどれか」ということを問いました。

対象としたお客様は、性別・利用目的・年代・利用回数などの基本属性を基に分類し、たとえば、どの年代ではどんな接客スキルについての重要度が高いといったことを把握することにしたのです。さらに、その結果を踏まえ、何人かのロイヤルカスタマーにフォーカス・インタビューも実施して、定性的な情報収集も行いました。

■基本品質重視から当ホテルならではの接客重視へ

紙数の都合もあり、アンケート調査の詳細は割愛しますが、このアンケート調査でわかったことは、初めての利用においては、ホテルサービスの基本品質ともいうべき「身だしなみ」「笑顔・挨拶」「言葉遣い」「立ち居振る舞い」といったものが重視されるのに対して、スーパーホテルの利用回数が5回以上のリピーター（ほぼロイヤルカスタマーといってもよい層）の場合は、スーパーホテルが目指す接客品質、とくに「歓迎感のあるお出迎え」「名前で呼んでくれる」「ホテルの特徴・こだわりの説明」「好み・要望の把握」といった項目が、顕著に重視されていることがわかりました。

ちなみに、初めての利用と、5回以上利用の間にある「2回〜4回」利用している客層についていえば、あまり特徴的な結果は出てきていません。

雑駁にいえば、何度か利用しているうちにスーパーホテルのファンになったからこそ、5回以上のリピート利用につながっているということでもあります。

利用回数別のマッピング

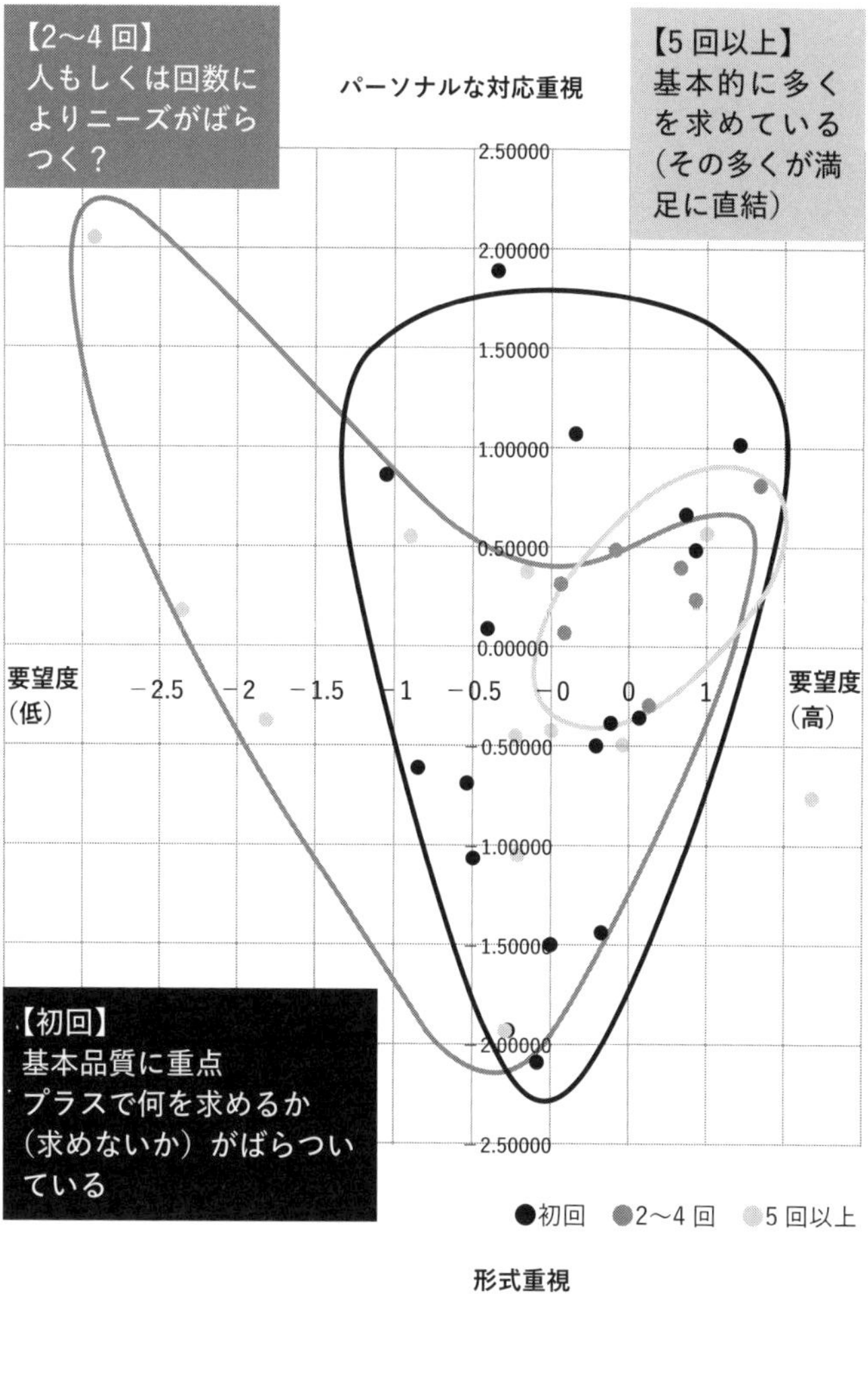
【2〜4 回】
人もしくは回数によりニーズがばらつく?
パーソナルな対応重視
【5 回以上】
基本的に多くを求めている(その多くが満足に直結)
2.50000
2.00000
1.50000
1.00000
0.50000
0.00000
要望度(低)
−2.5
−2
−1.5
−1
−0.5
0
0
1
要望度(高)
−0.50000
−1.00000
−1.50000
−2.00000
−2.50000
【初回】
基本品質に重点
プラスで何を求めるか(求めないか)がばらついている
●初回 ●2〜4 回 ●5 回以上
形式重視

逆にいえば、初回利用から4回程度利用するまでの間に、ファンになっていただけないと、ロイヤルカスタマーにはなりにくいということなのかもしれません。

このようなことを確認するために、ロイヤルカスタマーと呼べる利用回数5回以上のお客様数名にインタビュー取材を実施しました。

■ロイヤルカスタマーのフォーカス・インタビューを実施

インタビュー取材の対象者は5名としました。これまでの5回以上の宿泊経験の中で、初回の宿泊時にどんな印象を持ったか、どんな感動体験をしたか、2回めではどうだったかということについて、お話を伺いました。

このときにわかったことのひとつが、どのお客様も5回めまでに、つまり1回め〜4回めの間に、とても印象に残るような感動体験をされているということです。

感動体験の内容自体は人それぞれです。その上で、より印象に残っていることを聞くと、お客様からの問い合わせや困りごとへの対応だったということです。お客様からのアプローチに対して、より丁寧に、より親身に対応することで、むしろそれが感動体験につながっていたようです。

たとえば、チェックイン時にスマホがないことに気づいて慌てていたところ、スタッフが「それはお困りですね」と電話を貸してくれて、翌朝も「みつかりましたか？」と声をかけてくれた。何くれとなく親身に対応してくれてうれしかった。

3回めの利用のときに、枕の好みなどを覚えていてくれて、その用意があることを伝えてくれたといった体験が、感動体験として記憶に残っていたようです。

いずれにしろ、ファンになっていただくためには、そのきっかけとなる感動体験があることで、よりスムーズにファンになっていただけることが、この調査で確認できました。

■ひとりでも多くのお客様にロイヤルカスタマーになっていただくために

この共同研究の成果を踏まえて、スーパーホテルでは、顧客の利用履歴に応じたアプローチを再考しました。ひとりでも多くのお客様にロイヤルカスタマーになっていただくためです。

まずは、各店舗の支配人・副支配人を対象としたエリア会議の場で、利用回数によって、お客様が求めるものが変化することを情報として共有し、1回めのお客様についてはとくにどんなことに気をつけるべきか、2回め以降のお客様はどうかといったことを確認し、研修内容を変更しました。

この共同研究の結果を踏まえて、「1回めのお客様をロイヤルカスタマーにするためにはどうすべきか」というテーマの研修も取り入れています。

■まだまだ続く共同研究で、さらなる知見の拡大を目指す

「京大×スーパーホテル」のおもてなしの科学化に関する共同研究は、2017年にスタートして、すでに6年を経過していますが、まだ現在進行形です。

途中、コロナ禍もあり、やむなく共同研究を中断していた時期もありましたが、着実に成果を上げていますし、その成果を単に学術的な成果とするのではなく、現場に落とし込んで実践的に活用するという、本来の産学連携の実績としても有意義なものに結実していると自負しています。

今後もさらに続く共同研究によって、さらなる知見の獲得、あるいは暗黙知の形式知化を進めていきたいと考えています。

顧客属性による接客重要度の違い

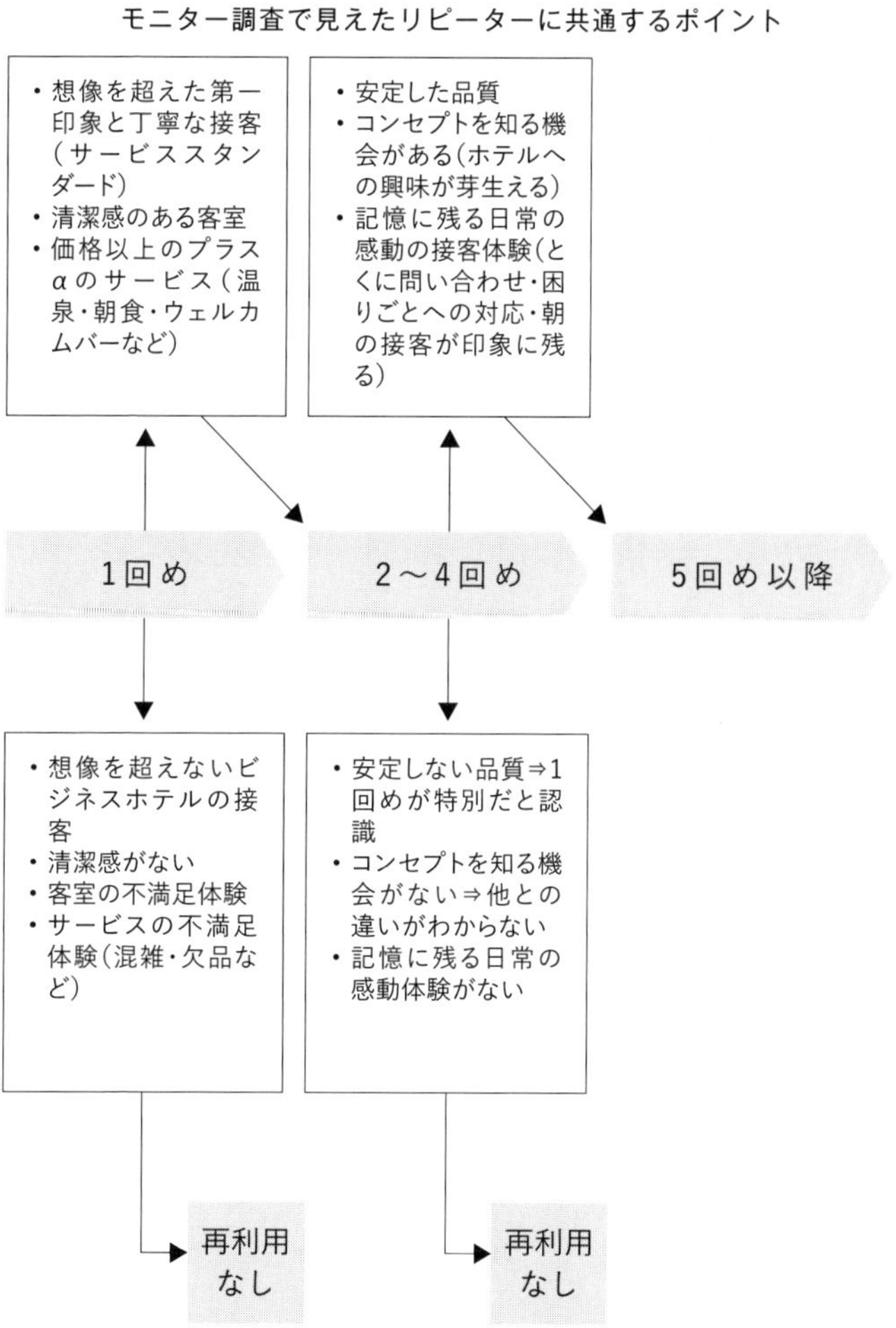

原教授の「共同研究プロジェクト」についてのあらためての考察

「サービスの最適設計ループ」を使っておもてなしを形式知化

「おもてなしを科学する」、つまり「おもてなし」を科学的に捉えるということは、工学や理学などの自然科学において「科学する」こととは、少し異なったものになることは、「刊行に寄せて」で触れた通りです。

あらためておさらいすると、自然科学においては、一般に「ひと」は観察者であり、対象とする「系（システム）」には入っていません。そこに、再現性を担保する科学的アプローチが研究方法論として存在します。

一方、「ひと」に対する「おもてなし」は、サービス提供者による利用者の態度や行為であり、「ひと」も同時に「系（システム）」の中の対象のひとつとなります。このため、科学的アプローチといっても、人間の内面まで含めた態度や行為の再現性を担保することは非常に難しく、自然科学における「科学する」のイメージが強いと、やや違和感を覚えるでしょう。

しかし、スーパーホテルと京大の共同研究では、「おもてなし」を、属人的な要素や一過性の要素として捉えるのではなく、ある種の「価値創出の枠組み」として見出すことを目指しました。

プロセスや結果の多くを価値創出の枠組みと捉え、形式知化することで、「ひと・組織」で共有できますし、その実践が可能になるということを目指したのです。形式知化された枠組みを理解すれば、誰でも一定の再現が可能になるという意味において、まさに「科学する」という表現を用いています。

この共同研究の優れている点のひとつとして、いきなり「科学しましょう」といって、観察なり実験をスタートさせるのではなく、まず「優秀なスタッフ」とは何か、何をもって優秀と評価するのかという基準の設定からスタートしているということが挙げられます。

そうした良いこと、優秀であることの評価基準を明確にし、その上で、優秀なスタッフはどんな振る舞いをしているのか、どんな振る舞いが優秀なのかについて明らかにするために、現場での観察を実施している点が、結果的に良い成果を生んでいるといえるでしょう。

接客サービスの提供・おもてなしに際して、優れたおもてなしとは、
・マニュアルを完璧にこなすことなのか?
・マニュアルを超える接客をすることなのか?
という議論があります。これについては、きっちりとマニュアル通りのことを実践することが良いという場合もあるでしょうし、場合によってはマニュアルを超える接客をしたほうが良いという場合もあるでしょう。目指す目的によって、何が良いのかは、定義も異なってくることがあります。

ですから、観察に先立って(科学する前に)評価基準を明確にすることは重要です。その上で、サービス工学的には、サービス・おもてなしのプロセス・手順を整理して、明確に「見える化」をします。手順を「見える化」することによって、実践者(おもてなしをしているスタッフ)自身も頭の中が整理され、より良いおもてなしへつなげることができます。

また手順が整理され、「見える化」されていることで、そのプロセス・手順の中で必要とされる接客スキルなどを、優秀者から標準者に継承するような場合でも、誤解を生むことなく共有できるというメリットが生まれます。

スーパーホテルとの共同研究では、おもてなしを科学するために、「サービスの最適設計ループ」という方法を用いました。

これは、現在あるサービスを観測して、それを分析し、分析結果に基づいて新たなサービスを設計し、それを現場に適用する。さらに、適用された新しいサービスを観測・分析して、またさらに新しいサービスを設計し、それを現場に適用する……ということを繰り返す方法です。

スーパーホテルでの優秀者が実践しているおもてなしに関して、そのプロセス・手順を仕組み化して、だれでも再現できることを目指しています。そして、工学的なアプローチで設計し、それを現場に適用して、さらにその様子を観測し、分析し、再設計して現場に適用するというループを繰り返します。このような作業により、おもてなしのレベルアップと、誰もが実践できるように「形式知化」するところができています。

優秀なスタッフは空き時間の使い方が上手

観察の結果で印象的だったことのひとつは、優秀なスタッフは時間の使い方がとても上手だということです。手空きの時間を有効に使って、宿泊客に関する情報を事前にチェックして、お客様を迎える準備をきちんと整えています。その上で、実際にお客様が来店された瞬間に、お客様の様子を観察し、的確なコミュニケーションをとっています。それが結果的にはお客様との良好な関係性の構築に結びついているようです。

スタッフとの良好な関係性が構築できれば、快適な時間の過ごし方ができますから、お客様側の満足度は高まり、それがリピート率の向上につながるという好循環を生みます。

優秀なスタッフは、ちょっとした手空きの時間に、ぼーっとするのではなく、お客様についての情報確認という作業を効率よく実施し、そのお客様とどうコミュニケーションをとるべきかについて事前に準備しています。そのようなクリエイティブな作業をしているという点が、スーパーホテルのおもてなしの強みになっているといえるでしょう。

「自分なら」ではなく、「このお客様なら」を考える

さらに、おもてなしにおける気づきの重要性についても、この章では示唆されています。目の前のお客様がおかれている環境や、場合によっては背景までを考察し、どのようなおもてなしをすべきか考えて行動する。つまり、相手を観察することによって生まれる気づきです。

標準者はお客様を観察して、お客様の立場に立って状況を把握し、その上で「私だったらこんなときはこうしてほしい」という主観的な判断で、それをおもてなしという振る舞いに生かす傾向があります。

それはそれでとても良いことなのですが、優秀者はさらに踏み込んで、状況把握の後、「自分だったら」と考えるのではなく、あくまでも、そのお客様の立場や気持ちを深く考察して、「自分だったら、こういうときにはこうしてほしいと考えるけど、いま、このお客様の場合には、もっとこうしたほうがいいに違いない」と、あくまでもお客様の状況をより客観的に把握・理解して、おもてなしにつなげています。

これは本当に素晴らしいことで、そのことを共同研究によって、明らかに言語化できたことで、確実に「暗黙知が形式知化された」といえるでしょう。

お客様のどこに着目するのか、着目して得た情報に基づいて、どんなおもてなしを想像し、実践すべきか。そうした暗黙知が明文化され、形式知化したことで、誰もが一定のレベルで身につけることのできる知見に昇華しました。

とくにこの知見については、その後スーパーホテル内で、観察力や想像力を鍛える教育プログラムとして体系化されたことも、素晴らしいことです。

スーパーホテルが目指す「満足を超えた感動」体験を、多くのお客様に提供する上で、一人ひとりのお客様に対して、どんなおもてなしをすべきか気づくことは、何より大切なことです。そうした取り組みによって、お客様にとっての価値ある感動体験が具現化するのです。

目指す感動体験は経験価値

一般に消費者が知覚できる価値は3つあります。

探索価値・経験価値・信頼価値です。

探索価値とは、商品やサービスについて、そのスペックで評価できる価値です。スペックの評価なので、購入する前に容易に価値に関する情報を集めることができます。最新のスマートフォンは、価格と性能（スペック）を比較考量して、買う価値があるかどうかを買う前にある程度判断できます。

経験価値とは、実際に購入して使用、体験しないと評価できない価値のことをいいます。美容室でのヘアカットサービスのようなものは、これにあたります。事前に美容師さんの評判は情報として入手できたとしても、自分に似合うヘアスタイルにしてもらえるかどうかは、実際にカットしてもらわないと判断できません。スーパーホテルの感動体験も、この価値だといえるでしょう。

信頼価値は、商品・サービスを購入した後でも、完全に評価することが難しい価値のことです。医療などは、このカテゴリーです。病気になって手術をしてもらい、その後、なんらかの後遺症が出たとしても、それをどう評価するかは難しい問題です。「その程度の後遺症ですんだのは、手術が大成功だから」と評することもできますが、「違う病院で手術していたら、後遺症など出なかったかもしれない」と評することもできます。サービスを受けた後でも、相手の信頼の程度に拠りどころをおくしかなく、価値評価が難しいのが、信頼価値なのです。

さて、サービスやおもてなしなどの場合には、探索価値よりも経験価値、経験価値よりも信頼価値のほうが重要になります。スーパーホテルが目指す感動体験は、まさに経験価値です。実際に受けてみないと、価値を評価できません。

ですから、ホテルというサービス事業において「感動体験」という形で、経験価値を重視していることは理にかなっていますし、その具現化に向けて、観察力・想像力を養う研修を実践していることも、優れた取り組みだといえるでしょう。

あとからじわりと気づくのが最高級のおもてなし

スタッフがお客様におもてなしを提供するという際に、お客様をどう認識するかという認識レベルが3段階あると考えられます。さらにいえば、お客様を認識するレベルに達していないレベルというものも、さらに1段階あるのではないかと考えました。いってみれば、ゼロ段階です。

ゼロ段階というのは、遂行すべき業務をこなすことに精一杯で、お客様を観察したり、お客様の状況を判断する余裕がないレベルです。とにかくマニュアルにある業務をきちんと遂行することだけを考えている段階で、お客様の存在をあまり意識していません。初めて接客サービスを実施するような初心者の方だと、この段階のほうが多いようです。

このゼロ段階を過ぎると第1段階になりますが、お客様の様子を観察し、お客様のことを考えて、おもてなしをしようと行動できるようになります。ただし、お客様の自我というものを考えることができず、行動の判断基準や価値観が自分中心になっています。「私だったら、こうしてほしい」を実践するということです。

もちろん、お客様に喜んでもらいたいという気持ちはあるのですが、どんなおもてなしをすれば喜んでいただけるかの判断基準が、自分にあるということです。

さらに次の第2段階までいくと、認識が変わります。お客様はお客様、私は私と考えることができるようになり、そうなると「私だったらこうしてほしい。でも、このお客様の場合は、もっと違う、こういうことのほうがいいだろう」と客観的な状況判断、ニーズの把握ができる段階です。

そして最後の第3段階は、お客様自身も気づいていないような隠れたニーズに気づいて、おもてなしを実施できるレベルです。

少々観念的になってしまいますが、お客様のおかれている状況や環境、そしてお客様がどう感じているかという感覚を大切に考えると、他人だからこそ、外から見ているからこそ、見えること・気づけることというものがあります。その〝他人だから、外から見ているから〟気づけることをおもてなしに反映させられます。それこそが、まさに最高レベルのおもてなしといえるのかもしれません。

かゆいところに手が届く、という表現はよく見聞きします。しかし、最上級のおもてなしとは、掻いてもらって、初めてそこがかゆかったと気づくレベルなのだということでしょう。


ともかく、接客サービスにおいては、お客様の立場に立つというところまで踏み込んで、初めて優れた接客になるということです。さらに高いレベルでの接客・おもてなしとは、お客様ご本人が気づいてない、他人だから気づけるというところまで踏み込んでいけることだといえるでしょう。

ちなみにスーパーホテルの優秀者として観察対象となったスタッフには、第1段階は優にクリアし、第2、第3段階レベルに達しているスタッフが多くいました。このことが、大きな強みになっています。

ファン化するには4回の利用までに感動体験を

さらにスーパーホテルの優れた点は、顧客をファン化するための取り組みです。一般にファンマーケティングといわれるものです。顧客との関係性を強化することで、商品やサービス、ひいてはその企業自体の熱烈なファンになってもらうことを目指したマーケティング手法です。

本章の中でも説明されているように、スーパーホテルのファン形成においては、4回の利用までに感動体験を経験していることが、ファン化のひとつの目安だということです。

ずいぶん前、Eコマースが出始めの頃に、7秒ルールというものがいわれていました。ユーザーをWebショップ内で回遊させるときには、画面遷移に7秒以上かかってしまうと、ユーザーは待ちきれずにサイトを離脱してしまい二度と戻ってこない。だからサクサク回遊できるサイト作りが必要だということです。

実際に7秒だったのかどうかは定かではありませんし、今では7秒も待ってくれないと思いますが、当時7秒ルールといわれたのは、たぶんに経験的・体感的なイメージでしょう。

ホテル業界でも、もしかしたら「◎回以上利用してくれている顧客はファン化できた」といえる基準のようなものがあるかもしれません。

そうした経験的に、なんとなくこうだろうと考えていたことを、「4回の利用までに感動体験をしていること」がファン化のクリアすべきガイドラインだということを、データを介して発見できたことは、とても有意義なことだといえるでしょう。

コラム

8割がアルバイトの現場で提供される究極のおもてなし②

お客様の様子をしっかり細やかに観察する

「雨の日タオル」と「猛暑の日タオル」が定着

スーパーホテルでは、「雨の日タオル」「猛暑の日タオル」というものが、おもてなしとして定着しています。

当ホテルには、全国各地からお客様がいらっしゃいます。遠方からお見えになる方も多く、出発時点とホテル到着時では、天候が大きく変わっていることも多々あります。

傘を持たずに不意な雨に降られてしまい、ずぶ濡れでチェックインされる方がいると、フロントでタオルをお出しするというのが「雨の日タオル」です。

あるとき、「『雨の日タオル』をやろう」と全店舗で定着させたら、ある店舗から、「とても暑い日だと、汗だくになって来店されるお客様がいる」という声があり、暑い日にもタオルをお出ししようということになりました。「雨の日タオル」の応用編です。

お客様の様子を観察してふさわしい一言をかける

当ホテルでは、すべてのスタッフに、「チェックイン時のお客様の様子を見て、チェックインまでどんな状況だったかを想像できるようになろう！」と推奨しています。たとえば、「こんな日に、あの大きなキャリーバッグをもっての移動は大変だっただろうな」といった具合いです。

そうすれば、「今日は雨の中、大変でしたね」「今日も大変、暑かったですよね」と一言声をかけながらタオルを差し出すことができるわけです。

チェックインの手続きに来られたお客様に、事務的に「いらっしゃいませ」とご挨拶するのではなく、お客様の様子をしっかりと観察して、ふさわしい一言を添えて、まずは緊張を解きほぐしていただく。その上で、チェックインの手続きに入る、という気配りを心がけるようにしています。

できうるおもてなしは積極的に提供する

また、お客様からお申し出がなくても、できうるおもてなしは積極的に提供するということも心がけています。

たとえば、禁煙ルームご希望のお客様が禁煙ルームが満室で仕方なく喫煙ルームを予約された場合は、当日までに空きが出ていたら、ご本人からの申し出がなくても禁煙ルームをご案内する。

またご友人同士でご宿泊のお客様なら、

可能な限り隣同士のお部屋をご用意する。

お仕事でお見えになった上司と部下という感じのお客様であったら、あえてフロア違いのお部屋（もちろん、上司の方を上階で）をご用意するといったことも心がけています。

同じスーパーホテルの利用が多いお客様に対しては、できるだけ同じお部屋を用意する（同じお部屋が無理でも、できるだけ同じ階の同じ向きの部屋をご用意するなど）店舗もあります。

いわれたことを、その通りにやり遂げても、それは当たり前です。いわれる前に気配りができれば、それは感動体験につながり得るのです。

こんな事例もありました。

その店舗では、チェックイン予定時間を大幅に過ぎ、22時を回ると、確認の電話をするようにしていました。しかし、こうしたチェックインの確認の電話は、ややもすると「催促」と受け取られかねない危惧があります。

そうならない工夫として、チェックインが遅れているお客様に電話する際には、「遅れているようなので、何かあったのではないかと心配になってお電話してみました」という趣旨の声がけをするのです。

また、お客様からご連絡いただいたことは、スタッフのシフトチェンジの際には、必ずメモで申し送りをするということもやっています。

たとえば、夕方に「今日のチェックインが遅れます」という連絡をいただいたら、それを受けたスタッフが、システム上のチェックイン時間を修正することはもちろん、「19時チェックイン予定だった○○様から、到着が22時頃になるとお電話をいただきました」というメモを残します。

そのお客様がチェックインされた際に、手続きを担当したスタッフが、「○○様、本日はわざわざチェックイン時間のことで連絡をいただきまして、ありがとうございました」とお声をかけるのです。

第3章

全スタッフが理念実現に向けて一丸となる！
理念浸透の究極の仕組み

1

理念の浸透を成長のエンジンにする

■スーパーホテルが大切にする5つの精神

当ホテルの原点は、１８９０年に大阪の船場で創業した繊維商社山重商店です。創業時は、繊維商社として立ち上がりましたが、その後はシングル向けマンションの経営を手掛けるなど業容を拡大し、さらにスーパーホテルの前身である「ホテルリンクス」というビジネスホテルを熊本県の水俣市や岡山県の倉敷市で稼働させていた時期もあります。

しかし、このホテルリンクスは、今のスーパーホテルのようなしっかりとしたコンセプトを持っていませんでした。そこで、ホテルとしてのコンセプトをより明確にし、戦略を練った上で、１９８９年に株式会社スーパーホテルを設立。新たにホテル事業や介護事業などを手掛けるようになりました。

今日のホテルブランドであるスーパーホテルは、1996年にオープンした「スーパーホテル博多」が第一号店です。

繊維商社山重商店の時代から、創業家が代々受け継いできた経営理念はありましたが、今日では業態も変わっていますし、山重商店の経営理念がそのまま現在において共有されているということはありません。

しかし、スーパーホテル開業当初から「創業の精神」というものがあり、その考え方は今日でも引き継がれています。135ページに全文を掲載しましたが、「相互信頼とチャレンジ精神、先見の明と独創の精神、こだわりの精神、おもてなしの精神、人間尊重と家族愛の精神」

というものです。スーパーホテルの創業者である山本梁介が、自らの言葉でホテル事業への思いやこだわりをこの「5つの精神」にまとめています。

■成長の踊り場で理念が共有されていない現実に直面

第一号店のオープン後は、比較的順調に成長を遂げ、2000年を過ぎるあたりで、30店舗を突破、当時の達成目標は50店舗の開業というものでした。

しかし、この頃から、お客様からのクレームがじわじわと増え始め、ホテル自体の稼働率も落ち込み始めました。

このままでは50店舗達成は難しいという状況の中で、創業者が強く危機感を持ったのが、「現場で経営理念がまったく共有されていない」という現実でした。

現場のスタッフたちは、数字（売上や利益）に関する意識は極めて高いのですが、そもそも、「私たちは何のためにホテル事業に取り組んでいるのか」という思いが共有できていませんでした。

現場のスタッフにしてみれば、「自分たちはやるべきことはやっている」という考えでした。お客様に喜んでいただきたいという思いもあったし、その実現のために取り組んでいるという自負もありました。ただし「スーパーホテルの経営理念は何か？」と問われても、答えられるスタッフはほとんどいないという状況だったのです。

そこで、経営理念の浸透に取り組むことになりました。２００４年のことです。

まず本部からスタートしました。具体的には、毎朝「創業の精神（当時は「経営指針書」という名称でした）」を本部社員が読み合わせして、それについてのコメントを発表するというスタイル。創業者の考え方をみんなで勉強するようになりました。

スーパーホテルの「創業の精神」(全文)

創業の精神

【相互信頼とチャレンジ精神】
お客様や地域社会の人たち、取引先、社員から信頼される、挑戦《チャレンジ》し続ける堅実経営の会社を創りたい。

【先見の明と独創の精神】
時代の流れを先取りした、「ホテルを超えるホテル」を創り、全国に拡げたい。

【こだわりの精神】
安全・清潔・ぐっすり眠れる「快眠にこだわった宿泊施設」を創りたい。

【おもてなしの精神】
日常の感動を与える、本物のサービスを提供したい。

【人間尊重と家族愛の精神】
人間力と感性をベースに自律型感動人間を育てて、社員とその家族を幸せにしたい。

しかし、それだけで理念の浸透が図れるはずもなく、より効果的な取り組みが不可欠でした。

■掛け声だけでは人は動かない

どうすれば、経営理念を自分ごととしてスタッフ一人ひとりに浸透させることができるのかを考えました。なかなか、これ！という施策はすぐには見つけられませんでしたが、少なくともトップダウンで理念や方針を現場に伝えるだけでは十分ではないだろうということは明らかでした。トップダウンで理念を叫んだところで、人の心に浸透することはないということです。

掛け声だけでは人はなかなか動かないものです。動いてもらうためには、強い動機が欠かせません。そこで、むしろボトムアップ型で、現場を起点として理念浸透を図る必要があるということになり、そのための方策を模索しました。

そんな中、2つの方策がみつかりました。ひとつが、「経営品質賞へのチャレンジ」、もうひとつが「Ｆａｉｔｈの作成とその活用」です。

次節でそれぞれについて説明します。

2

「日本経営品質賞」をとりにいく

■高い目標設定で全社一丸の取り組みへ

日本経営品質賞とは、財団法人社会生産性本部（現・公益財団法人日本生産性本部）が１９９５年12月に創設した表彰制度です。「国際的な競争力強化に向けた生産性向上を目的に、顧客価値を創造し続けるための自己革新能力」の高い企業を表彰するというものです。

日本経営品質賞では、

①顧客本位
②独自能力
③社員重視
④社会との調和

この４つの基本理念要素と、「顧客価値」「組織能力」といった7項目の「７つの重視する考え方」に基づいて、８つのカテゴリーにわたって合計20ものアセスメント項目で審査される（受賞当時）という、非常に高いハードルが設定されています。

５名程度の審査チームによる個別審査・合議審査や現地調査が実施され、最終的に日本経営品質賞委員会によって受賞企業が決定するという審査プロセス自体も厳格なものです。

日本経営品質賞の考え方は、当社の経営理念である「三方良し」に合致しているし、独自性も磨かれ、感謝・感動の輪が広がっていくだろうということで、挑戦することを決めました。

そして決めてからは、日本経営品質賞の獲得という高い目標に向けて、全社一丸で取り組むことになりました。

経営理念の浸透がなされていないことに危機感を持ち、その解決に向けた取り組みをスタートさせた２００４年に、同時に日本経営品質賞に向けた取り組みもスタートさせたのです。

■Faith(フェイス)という理念浸透ツールを開発

理念浸透は、日本経営品質賞の獲得に向けた施策の1パートという位置づけです。数ある取り組みの中の1パートではありますが、スーパーホテルにとっては極めて重要度の高い取り組みでもありました。

さて、理念浸透に向けた最大の施策は、前節で触れたFaithを創ったことです。Faithには、信念とか約束といった意味がありますFaithは当ホテルの理念そのものであり、行動指針であり、スーパーホテルが目指す姿といったものをまとめたものです。いってみればブランドプロミスにあたるものです。

Faithを創るにあたって、まずFaith委員会を立ち上げました。そして、より現場本位のFaithにすべく、自分たちで文言を練り上げることに取り組みました。

もともと本部には、社員が経営理念を理解するための冊子はありましたが、とても分厚いもので、各店舗で現場スタッフが活用するものとしては、少々扱いにくいものでした。そこで、現場スタッフ向けにカスタマイズすることが必要だということになり、それならば、内容ももっと簡潔でわかりやすいものにしようということで、ツール開発に取り組むことになりました。

Ｆａｉｔｈを創り上げるにあたっては、同業のリッツカールトンのクレドの取り組みを大いに参考にさせていただきました。リッツカールトンといえば、「クレドの浸透に成功したグローバル企業」として有名なので、ご存じの方も多いかもしれません。

スーパーホテルでは、経営理念や会社の目標・行動指針・環境理念・ホテルのコンセプト・サービススタンダードが記載されたＦａｉｔｈツールを、いつでも携帯できるコンパクトな名刺サイズで制作し、スタッフはもちろん、ビジネスパートナーにも携帯してもらいました。

しかしＦａｉｔｈツールを導入した当初は、思ったようには浸透しませんでした。

各店舗では、朝礼の際にＦａｉｔｈツールを使って経営理念やサービススタンダードを読み合わせるようにしていました。スタッフが持ち回りでＦａｉｔｈ唱和の音頭をとるようにもしていましたが、当番はただみんなの前に立って、読み上げるだけ。

他のスタッフも、当番が唱える経営理念などをただ声に出してなぞるだけというもので、浸透には程遠い状況でした。

■「聴く」→「考える」→「行動する」のサイクルで理念が浸透し始める

やはり、掛け声だけでは成果は出せないのだと、あらためて思い知らされました。

そこで、Ｆａｉｔｈをただ読むだけでなく、そこに書かれている内容一つひとつを取り上げて、それについての自分なりの考えを発表してもらうようにしました。

当番になったスタッフは、朝礼でみんなの前でＦａｉｔｈの内容について、思うことや自分が実践したことを発表し、その発表内容に対して、支配人などの管理者がコメントをフィードバックするというスタイルに変更しました。

このスタイルは、着実に成果を上げました。みんなの前で発表するとなると、人の話も「聴く」ようになります。それに、発表する前にはＦａｉｔｈについて深く「考える」ようになります。そして、一番話しやすいのは、自分自身が「実行した」ことです。そのため、どのスタッフも経営理念や行動指針に則った行動をするようになり、自分が発表する番になると、そのことを話すようになりました。

コンセプト

私たちは、Lohas - Lifestyles of Health and Sustainability -をコンセプトとしNatural, Organic, Smartなホテルを目指します。

Natural

自然を活用した室内環境や天然温泉施設で心地よいリラックスと深い眠りへ。

Organic

地元の有機野菜をはじめとしたオーガニックの食やアメニティでからだの中からも外からも健やかに。

Smart

気の利いたシンプルさと心からのおもてなしで地球と人にやさしく快適なひとときを。

4

サービス スタンダード

私たちは、心のこもったおもてなしで、お客様に“日常の感動”をお届けします。

1. 私たちは、お客様に好感を持たれるよう、身だしなみを整えます。
2. 私たちは、お客様への感動のおもてなし準備を実行し、お名前をお呼びします。
3. 私たちは、お出迎えの際は、満面の笑顔で「おかえりなさいませ」とお声掛けします。
4. 私たちは、お客様お一人お一人のニーズを先読みし、プラスαの一言をきっかけに日常の感動を深めます。
5. 私たちは、お客様の一歩前に歩み寄り、エレベーター前までのご案内を徹底し、「ごゆっくりお過ごしくださいませ」とお見送りします。
6. 私たちは、お客様に、朝は明るい笑顔と元気な声で「おはようございます」、朝食後とお出掛けの際は「いってらっしゃいませ」とお声掛けします。
7. 私たちは、お客様の声を何よりも大切にし、理念に沿ってラッキーコールとご要望にお応えします。

5

8. コミュニケーション

コミュニケーションの基本は相手の話を「聴く」ことです。自分と異なる意見や考えを素直に受止めます。提案や要望に対しては、必ず応えます。コミュニケーションが相互の理解と信頼を高め、チームワークを強め、理念の実現を可能なものにしていきます。

9. 品位

スーパーホテルのイメージを作り出すのも私達の役目です。スーパーホテルの一員であることに誇りを持って、お客様や働く仲間を尊敬し、品位を持って接します。

10. 身だしなみ

私達は、スーパーホテルの一員として、身だしなみマニュアルに従って、お客様に好感を持たれる身だしなみを整えます。

9

11. スピード・スピード・スピード

業務遂行に当たっては、スピードを重視します。状況は常に変化しているので、情報は素早く伝達します。特に、ラッキーコールについては、迅速に対応します。よいと思ったことは、即実行の習慣を身に着けます。

12. 学習

私達は、プロフェッショナルとして成長する為の努力を怠りません。学習する組織風土を創り、情報の共有化と対話を通じて、知の創造と共有を図ります。常に安定した最高のサービスを提供できるよう自己研鑽に励みます。

13. Lohas

Lohasを提案するホテルの一員として、私たち一人ひとりが健康と環境に配慮したライフスタイルを送ります。

10 （2018年9月改定）

Faith ツール

SUPERHOTEL

Faith

経営理念

<私たちの使命>

私たちは、「時代を先取りする創造的なホテル運営・コンサルティング事業」を通じ、お客様の活力ある社会活動・経済活動をお手伝いし、地域社会に貢献します。

<私たちの目標>

私たちは、「安全・清潔・ぐっすり眠れる」ロハスな空間を創造し、世界的レベルでの質の高いサービスを提供し、顧客満足度日本一のビジネスホテルを目指します。

1

<私たちの行動指針>

1. 私たちは、心のこもったおもてなしで、お客様に"日常の感動"をお届けします。
2. 私たちは、自律型感動人間を目指し、感性と人間力を磨き続けます。
3. 私たちは、お客様・ビジネスパートナー・働く仲間との相互信頼関係を深めます。
4. 私たちは、スピード・スピード・スピードで、積極的に改善・改革を行います。
5. 私たちは、社会的倫理観・常識・良識・品位を持って行動し、法令を遵守します。
6. 会社は、皆さんと家族の幸せを追求し、一人一人の夢の実現を支援します。

◈ 自律型感動人間 ◈

私達はFaithを深く理解し、日々実践すると共に、お客様と働く仲間に感謝と感動の気持ちを持って接します。自らの可能性を信じ、自責で考えることによって、人間的成長を求め続けます。

2

環境理念

地球環境保護に努め
地球も人も元気にする企業を目指します。

エコ・ファーストの約束

私たちは、エコ・ファースト企業の一員として、次の取り組みを実施します。

1. 事業活動におけるCO_2排出量を削減します
2. 循環型社会の構築や生物多様性の推進に協力します
3. 環境意識向上に努め、社会貢献活動を推進します

3

◈ 行動基準 ◈

スーパーホテルにおいて、Faithは全ての判断と行動の基準です。私達は、これを理解し、自分のものとして積極的に実践します。

1. **お客様の声**
   私達はお客様の声を何よりも大切にし、それにお応えする事を使命と考えます。お客様からの改善案（苦情・要望）を歓迎し、言い訳や責任転嫁をせず、責任を持って真摯に取り組み、よりご満足いただく為に、常に創意工夫をします。お客様に喜ばれるホテルを目指して、お客様満足の向上に努めます。
2. **オーナー様との相互信頼関係**
   スーパーホテルが堅実経営して発展し続けることが、信頼関係につながります。そのために私たちは、建物の維持保全に努め、高い稼働率でホテル運営を行います。

6

3. **安全・ぐっすり**
   お客様に安心して、ぐっすり眠っていただくことが私達の大切な使命です。常日頃、設備の維持や防犯・防災に心掛けるとともに、非常時にはお客様の安全を第一に考えた責任ある行動を取ります。
4. **クリンネス**
   お客様に清潔な宿泊スペースをご提供するのが、私達の使命です。清掃チェックとビジネスパートナーとの対話を徹底し、髪の毛・ホコリ・臭いのない卓越した清潔さを追求します。また、フロント・ロビーそして事務所内も5Sを実施し、清潔で働きやすい職場環境を作ります。
5. **創意工夫・継続改善**
   業界のリーディングホテルとして、また、お客様に愛されるホテルである為に、従来のやり方や常識にとらわれる事なく、継続的改善を行うことにより、サービス向上・コスト削減・業務効率化に努めます。

7

6. **エンパワーメント**
   スーパーホテルで一番大切なのは、店舗でお客様により良いサービスを提供することです。そのために、私達一人ひとりには自分で判断し、行動する力が与えられています。私達一人ひとりがエンパワーメントによって、お客様のご要望や問題に対処し、お客様満足度(CS)を高め、良好な関係を築いていきます。自主性と創造性を尊重し、理解と信頼と支援に満ちた職場環境を実現します。全ての価値創造と創意工夫は現場から生まれます。
7. **チームワーク**
   お客様のご満足を高め、更なるご要望にお応えするために、チームワークを常に意識し、仕事の内容やセクションを超えて幅広く協力し合っていきます。全体的な視野で物事をとらえ、行動します。

8

「聴く」→「考える」→「行動する」、まさに「一石三鳥」の効果がありました。

これにより、経営理念に込められた思いや、行動指針によって実現すべき顧客サービスのあり様といったものをきちんと考えて、行動する習慣が身につき始めました。

もちろんＦａｉｔｈを軸にした理念浸透に取り組む前から、すべてのスタッフが旺盛なサービス精神を持っていましたし、各自それぞれのやり方でお客様に接していました。

ただし、各自各様のサービス提供であったがために、本人が良かれと思ってやっていることでも、他のスタッフから見れば、「なんでそんなことを？」と疑問視されるというシーンも多々あったようです。

店舗によっても、サービスのあり様（おもてなしの形）はまちまちでしたし、ひとつの店舗の中でも、対応するスタッフによってサービスのあり様がバラバラでした。すべてのスタッフが共有しているのは、「お客様に良いサービスを提供したい」という思いだけで、体現されるサービス自体はちぐはぐだったといわざるを得ません。

時として、そうしたちぐはぐさは、スタッフのモチベーションそのものにも悪影響を及ぼすことがありました。それがＦａｉｔｈを使った朝礼を継続していく中で、徐々に変わっていきました。

経営理念を理解し、行動指針やサービススタンダードが求められる背景に納得して、「スーパーホテルが目指すもの」を全スタッフが共有するようになっていきました。

会社が目指すものがわかると、おのずと一つひとつの行動が、それに沿ったものに変わってきます。もともとお客様へのおもてなしの重要性はよくわかっていますし、お客様に喜んでいただきたいというサービス精神旺盛なスタッフばかりですから、やるべきことの方向性が明確になると、みんなが同じ方向に向かって、活動できるようになったのです。

そのことによって、サービスの質が高いレベルで均質化されるようになり、生産性も向上しましたし、何よりもスタッフのモチベーションが格段に向上しました。

「経営理念の浸透を図らなければ、今以上の成長はない」という危機感を持って、理念浸透への取り組みを始めてから約3年が経過していました。

■Faith upとFaith up Calendar

スーパーホテルでは、朝礼時にFaithを全スタッフで唱和することを「Faith up」と呼んでいます。

理念の共有・浸透を図る上で、毎日欠かさずに声に出すということはとても大切です。もちろん、それだけでは共有・浸透が可能になるということはなく（ただ読み上げるだけではダメだということは立証済み）、そのFaith upの後に続く、Faithに関するコメント発表と、それに対する支配人などマネージャーのフィードバックが実施されるから、理念の共有・浸透が実現するのです。

そして、Faith upを実施する上で有効なツールが、「Faith up Calendar」です。各店舗でFaith upを実施する際に、その日に何を取り上げるか、ということが1日から31日まで書かれています。

1日「経営理念〈私たちの使命〉」、2日「経営理念〈私たちの目標〉」、3日「経営理念〈私たちの行動指針〉」……9日「SS1（サービススタンダード）」……16日「行動基準1」というように、各日に明示されています。

各店舗では、これを壁に貼り出して、朝礼時に、その日の該当項目を取り上げま

Faith up Calendar

Faith-up

〇月〇日〇曜日の
Faith-upを始めます!!
おはようございます!!

★必ず実施する事項

身だしなみ相互チェック

★ Faithカレンダー ＿＿＿月

1	2	3	4	5	6	7
経営理念 <私たちの使命>	経営理念 <私たちの目標>	経営理念 <私たちの行動指針> 1・2	経営理念 <私たちの行動指針> 3・4	経営理念 <私たちの行動指針> 5・6	自律型 感動人間	環境理念 エコファーストの約束
8	9	10	11	12	13	14
コンセプト	SS1	SS2	SS3	SS4	SS5	SS6
15	16	17	18	19	20	21
SS7	行動基準1	行動基準2	行動基準3	行動基準4	行動基準5	行動基準6
22	23	24	25	26	27	28
行動基準7	行動基準8	行動基準9	行動基準10	行動基準11	行動基準12	行動基準13
29	30	31				
SDGs No①～⑥	SDGs No⑦～⑫	SDGs No⑬～⑰				

★ Faith に関するコメントとコメント返し ＊拍手＊

目標売上と現状売上

経品数値・現在のランキング

スマイル体操

★ １０大接客用語唱和

【MSP】2022.01】

す。そして、その日のＦａｉｔｈ ｕｐが終了すると、参加したスタッフがＦａｉｔｈ ｕｐ Ｃａｌｅｎｄａｒに押印しています。

このＦａｉｔｈ ｕｐ Ｃａｌｅｎｄａｒは、当初、スーパーホテルの直営店で試行錯誤の末に生み出され、直営店で「理念浸透に効果あり」と実証されたのちに、全国の店舗に横展開していきました。

このようにスーパーホテルでは、Ｆａｉｔｈを軸とした経営理念の浸透施策を愚直に進めてきたことで、着実に全スタッフが理念を共有できるようになりました。

そして、２００８年には関西経営品質賞イノベーション賞を、そして２００９年には日本経営品質賞（中小規模部門）を受賞するに至ったのです。

3

第三者からのいくつもの評価獲得で全社がひとつの方向に

■関西経営品質賞と日本経営品質賞の連年受賞

日本経営品質賞の関西地域版とでもいうべきものが「関西経営品質賞」です。

2004年から日本経営品質賞の獲得に向けてさまざまな取り組みを続けていましたが、やはり、いきなりの日本経営品質賞はハードルが高過ぎるのではないかということで、まずは関西経営品質賞にチャレンジしてみることにしました。

関西経営品質賞は、公益財団法人関西生産性本部が主体となり、「〝良い経営〟を通じて関西から世界に通用する企業・組織を輩出する」というミッションを掲げて、2001年に創出されたものです。

結果からいえば、2008年に関西経営品質賞イノベーション賞を受賞することができ、そして2010年に日本経営品質賞（中小規模部門）を受賞しました。

この頃になると、理念の浸透ということについては、多くのスタッフが体感として、達成できていると実感できるレベルにまで至っていましたが、それが経営品質賞という客観的な評価によって、実証されたといってよいでしょう。

経営品質賞の良いところは、申請し、審査を受けて受賞に至らなくても、「なぜ受賞に至らなかったのか」、しっかりとフィードバックがいただけるという点です。

多様な審査項目の中で、どの項目がどれくらい基準に達していないのかをフィードバックしてもらうことで、そこが次回に向けての重要課題として明確になります。時には「理念の浸透がまだまだです」と評されたこともありました。そのつど、「もっとがんばろう」とスタッフ一同が奮起してマイナスポイントの改善に努めた結果の受賞ですから、みんなが誇らしい気持ちになったものでした。

■9年連続「ホテル宿泊客満足度No・1」という客観的評価

私たちスーパーホテルの客観的な評価獲得の取り組みは、経営品質賞だけではありません。ほぼ同時期に、それ以外のさまざまな客観的評価の獲得に努めました。

中には、経営品質賞同様に、こちら側から応募して審査していただくものもあれば、認定・審査・調査団体が独自に調査・審査をして、その結果としてスーパーホテルが選ばれるというタイプのものもあります。

いずれにしろ、第三者に評価いただくことで、私たちの取り組みが単なる自己満足、独りよがりではなく、きちんとお客様に届いている、そして社会的に評価いただけていることの証左になります。ですから、積極的にそうした評価にチャレンジしているという側面があります。

「J. D. パワーホテル宿泊客満足度9年連続*No・1〈エコノミーホテル部門〉」という実績もそうした客観的評価のひとつであると自負しています。当ホテルでは、2014年から連続して、この「ホテル宿泊客満足度No・1」を9年間にもわたって受賞させていただいています。

（※1出典：J. D. パワー2014－2023年ホテル宿泊客満足度調査。調査実施年ベース（2020年は調査実施なし）。当部門の調査対象は正規料金の最多価格帯9000円未満かつ最多客室面積15㎡未満。2023年調査は直近1年間に宿泊したホテルに関して5264名からの回答による（Japan.jdpower.com/awards））。

このこともまた、私たちの大きな自信につながっています。

さらには、JCSI（日本版顧客満足度指数）調査ビジネスホテル業種Standardクラス顧客満足度No．1）や、日本サービス大賞優秀賞（SPRING賞）なども受賞させていただきました。そして、環境配慮のさまざまな取り組みが評価されて、環境大臣認定エコ・ファースト企業（2011年）、ワットセンスアワード2012〈アクション部門〉環境大臣賞受賞（2013年）、第6回カーボン・オフセット大賞環境大臣賞受賞（2016年）、令和2年度気候変動アクション環境大臣表彰（2020年）などもいただきました。

■客観的評価を得るために社内体制を整備

経営品質賞に向けた取り組みにしろ、理念浸透のための取り組みにしろ、着手した2004年当時は、現場スタッフとしては、少々斜に構えてみていた部分もありました。「現場は常に忙しく、そんなことをしている暇はない」と。

しかし、いざ取り組み始めてみると、とても刺激的で、触発されることがたくさんあり、いつしか「やってみよう、自分たちなりにがんばってみよう」という気持ちになっていきました。

たとえば、経営品質賞に関しては、本部・現場の担当者が過去の受賞企業へ見学に行ったりもしたのですが、そこで実践されているサービスの質の高さに愕然とし、自分たちの未熟さを痛感したりもしました。

そうした刺激を受けたことによって、現場スタッフをはじめ、全社をあげて取り組む態勢が整っていきました。もちろん、第三者からの評価を獲得するために、社内体制を整備・強化することにも努めました。

要は、経営品質賞獲得という高い目標に挑戦することで理念浸透も加速させることができるし、お客様接点を重視したボトムアップ型の人材育成もできるというように、会社がひとつの方向に向かって、力を合わせやすくなったといえます。

	経営品質協議会
	サービス産業生産性協議会
	STOP 温暖化アクションキャンペーン事務局
	一般社団法人産業環境管理協会
	日本環境経営大賞表彰委員会
	環境省
	環境省
	サービス産業生産性協議会
	環境省
	公益社団法人日本環境協会
	一般社団法人日本エンパワーメントコンソーシア
	公益社団法人日本環境協会
	経済産業省
	サービス産業生産性協議会
	J.D. パワー
	経営品質協議会
	J.D. パワー
	サービス産業生産性協議会
	J.D. パワー
	厚生労働省
	東京商工会議所
	カーボンオフセット推進ネットワーク
	パートナーシップ・サポートセンター
	J.D. パワー
	経済産業省
	J.D. パワー
	経済産業省
	公益社団法人企業情報化協会
	J.D. パワー
	人を大切にする経営学会
	株式会社インターブランドジャパン
	環境省
	J.D. パワー
	グリーン購入ネットワーク
	J.D. パワー
	J.D. パワー
	サービス産業生産性協議会

表彰一覧

2008	関西経営品質賞イノベーション賞受賞（2007 年度）
2009	JCSI（日本版顧客満足度指数）ホテル業界 No.1
2009	「STOP 温暖化アクションキャンペーン 2009」グランプリ
2009	エコプロダクツ大賞受賞
2010	2009 年度日本経営品質賞（中小企業部門）受賞
2010	第 8 回日本環境経営大賞の環境価値創造賞
2010	平成 22 年度カーボン・オフセットモデル事業に採択
2010	地球温暖化防止活動の環境大臣表彰を受賞
2010	JCSI（日本版顧客満足度指数）ホテル業界 No.1
2011	エコ・ファースト企業に認定
2013	エコマークホテルとして初の宿泊施設認定
2013	ワットセンスアワード 2012 環境大臣賞
2013	Lohas　JR 奈良駅：エコマークアワード 2013 銅賞
2014	2013 年度おもてなし経営企業選に選定
2014	JCI 顧客満足度 No.1（ビジネスホテル部門）
2014	J.D. パワー ホテル宿泊客満足度 No.1〈一泊 9,000 円未満部門〉
2015	2015 年度日本経営品質賞（大企業部門）受賞
2015	J.D. パワー ホテル宿泊客満足度 2 年連続 No.1〈一泊 9,000 円未満部門〉
2016	第 1 回日本サービス大賞優秀賞受賞
2016	J.D. パワー ホテル宿泊客満足度 3 年連続 No.1〈一泊 9,000 円未満部門〉
2016	女性活躍推進法「えるぼし」認定
2016	「eco 検定アワード 2016」エコユニット部門で優秀賞を受賞
2016	第 6 回 カーボン・オフセット大賞にて環境大臣賞受賞
2017	日本パートナーシップ大賞グランプリ受賞
2017	J.D. パワー ホテル宿泊客満足度 4 年連続 No.1〈一泊 9,000 円未満部門〉
2017	地域未来牽引企業認定（経済産業省）
2018	J.D. パワー ホテル宿泊客満足度 5 年連続 No.1〈一泊 9,000 円未満部門〉
2018	おもてなし規格認証最高峰　紫認証
2019	サービス・ホスピタリティ・アワード優秀賞
2019	J.D. パワー ホテル宿泊客満足度 6 年連続 No.1〈一泊 9,000 円未満部門〉
2019	「日本でいちばん大切にしたい会社」大賞　審査委員会特別賞
2019	Japan Branding Award 2019「Winners」受賞
2020	気候変動アクション環境大臣表彰
2021	J.D. パワー ホテル宿泊客満足度 7 年連続 No.1〈エコノミーホテル部門〉
2021	グリーン購入大賞優秀賞
2022	J.D. パワー ホテル宿泊客満足度 8 年連続 No.1〈エコノミーホテル部門〉
2023	J.D. パワー ホテル宿泊客満足度 9 年連続 No.1〈エコノミーホテル部門〉
2023	JCSI（日本版顧客満足度指数）調査ビジネスホテル業種 Standard クラス　顧客満足度 No.1

4

理念浸透と人材育成は両輪

■日本経営品質賞受賞前後のホテルを取り巻く環境

２００９年に日本経営品質賞（中小規模部門）を受賞したことはすでに触れました。しかし、この前後は社会的にも、ホテル業界的にも、環境が著しく変化した激動の時期でした。

前年の２００８年9月にアメリカの大手投資銀行であるリーマンブラザーズの経営破綻に端を発したリーマンショックにより、日本経済は急速に悪化していきました。ホテル業界もその影響とは無縁ではなく、団体旅行の割合が大きく落ち込むなど、厳しい経営を迫られるホテルや旅館が増えました。

また２０１１年には東日本大震災が発生しました。ホテル業界においては、被災地はもちろんのこと、インバウンド需要が激減したことにより、惨憺たる状況となっていました。当然のことながら、スーパーホテルも厳しい経営を余儀なくされていました。

とくにスーパーホテルの場合、リーマンショックという経済状況の変化もさることながら、競合の増加という競争環境の変化もあり、そうした経営環境の激変に強い危機感を募らせていました。

その対応として、2つの改革に取り組むことになります。1つめがイールドマネジメントの導入、2つめがアテンダントと社員の育成の強化です。

■イールドマネジメントを導入

ホテル業界も競争環境が厳しくなり、旧態依然のホテル運営では、成長はおろか存続すら危ぶまれる状況になりつつあります。

そうした競争環境の中で、少しでも競合に対する優位性を確保する目的もあり、イールドマネジメントを導入しました。

イールドマネジメントとは、「需要と供給の状況に応じて、商品やサービスの価格を柔軟に変動させることで、収益の最大化を目指す」というものです。

要は、宿泊料金を一律にするのではなく、平日の料金と宿泊の需要が集中する土日祝祭日やその前日などの料金を調整して、稼働が少ない平日はよりリーズナブルな料金設定にして需要を増やすようにすることで、稼働率を上げて収益性を高めようという施策です。

考え方としては合理的なのですが、適切にイールドマネジメントを実施するためには、店舗での業務は煩雑になります。競合他社でもイールドマネジメントを導入しているところは少なくありません。ですから近隣にある競合ホテルの料金を調べたり、また自店舗の空き部屋の残数なども勘案して、料金を決めなければなりません。

スーパーホテルでは、料金決定は支配人の業務となっていますので、イールドマネジメントの導入において、支配人の業務的な負担は避けられず、都市部では競合も多いのでより一層大変です。

■アテンダントと社員に対して人材育成の施策を多く展開

スーパーホテルは多くのアテンダント、つまりアルバイトスタッフに支えられています。ベンチャー支配人が運営する店舗では、支配人・副支配人以外はアテンダントが重要戦力となって店舗運営がなされています。

また、ホテル業界の競争が激しくなる中で、競合各社がしのぎを削っています。当然各社ともサービスの質を高める努力をしており、それによってお客様が求める満足レベルも高くなる傾向にあります。

ですから、競合に負けない、よりハイタッチなおもてなしを実現するためには、スタッフの人数もある程度増やす必要があります。

しかし、それによって店舗におけるマネジメント関連業務は増え、ますます支配人・副支配人が大変になるという事態も起こりがちです。

そこで、支配人・副支配人の負荷軽減を実現するために、本部のほうで教育の仕組みをつくり、研修のサポートをするようになりました。もちろん、アテンダントの教育だけでなく、社員に対しても自己成長を促進できるような人材育成の施策を数多く展開しました。

２０１０年以降は、１on１ミーティング（当ホテルでは「上司と部下の成長対話」と呼んでいます）を実施するなどして、上司・部下のコミュニケーションを密接にするとともに、部下が抱える課題の解決を積極的に支援することで、全スタッフが仕事を通した自己成長、自己実現ができるような仕組みづくりも実施しました。

第4章で詳しくお話ししますが、理念浸透と自律型感動人間の育成はクルマの両輪のようなものだと考えています。どちらか片方だけ回しても、まっすぐ目的地に進むことはできません。この2つをしっかりと、バランスよく回すことで、スタッフには仕事に関する達成感や満足感（ES）が生まれます。

全員に理念が浸透すれば、みんなが同じ方向を向くことができます。そして、一人ひとりのスタッフがやりがいや生きがいをもって仕事に取り組むことができれば、そのことが、よりハイタッチなおもてなしという形でお客様に還元され、顧客満足、ひいては満足以上の感動に結びつくのだと確信しています。

5

ブランディング活動で〝らしさ・ならでは〟を強化

■顧客参加型の環境負荷低減活動をスタート

さまざまな取り組みは、内部的なことばかりではありません。

より多くのお客様に当ホテルを選んでいただくために、「スーパーホテルらしさ」「スーパーホテルならでは」というおもてなし、宿泊プランなどの強化にも果敢に取り組みました。

当ホテルでは2001年から環境活動に取り組んでいましたが、08年からは、LOHAS（Lifestyles of Health and Sustainability）というコンセプトを導入し、より環境に配慮したホテル運営に取り組むようにしました。

「エコひいき」「エコ泊」という顧客参加型の環境負荷低減活動をスタートさせたのもこの頃です。

「エコひいき」というのは、連泊時に客室清掃を不要としてくださったお客様にオリジナルのミネラルウォーターをプレゼントしたり、歯ブラシをご持参いただいたお客様に地域のお菓子をプレゼントするなど、お客様参加型のエコ活動です。

たとえば、2022年度は客室清掃を不要としてくださったお客様が88万室を超え、これによって清掃やリネンクリーニングなどで使用していた水の使用を1848万リットルも削減できました。

「エコ泊」というのは、スーパーホテルの公式ホームページから宿泊予約をしてくださったお客様に対して、客室1室当たり約6キロのCO_2のカーボンオフセットを行う仕組みです。これまでに累計2000万泊、12万トンのカーボンオフセットを行っています。

こうした施策を進めることで、環境配慮のホテル運営に努め、お客様と一緒にエコやロハスを推進し、スーパーホテル自体のファンになっていただくことを目指したのです。

■リ・ブランディングで「Natural, Organic, Smart」をコンセプトワードに

２０１９年からは、そうした取り組みをさらに一歩進めて、女性や20～30代の方々にアピールしようと、スーパーホテルのリ・ブランディングを実施しました。

ロハスを、スーパーホテルの運営における基本コンセプトと位置づけ、「Natural, Organic, Smart」という3つのキーワードに即した宿泊体験をお客様に提供し始めたのです。

当ホテルでは、天然素材にこだわって、心地よい室内空間を作り上げ、朝食には体の中から健康になれるようなオーガニック食材をふんだんに使用し、かつチェックイン・チェックアウトの手続きは、シンプルでスマートなものにしています。

また、リ・ブランディング後は、レディースルームをパワーアップさせようと、シャワーヘッドやドライヤー、ヘアアイロンなどの人気商品を取り付けたり、女性の体圧に合わせたベッドマットに変えたり、女性専用の枕も開発しました。テレビではなく、部屋が映画館になるようなプロジェクターを設置したシアタールームも作りました。

リ・ブランディングの取り組みを始めてから、まだ5年に満たない時間の経過しかありませんが、その効果は着実に表れていると確信しています。

■大学生アテンダントに正社員登用制度をアピール

240ページで詳しくお話ししますが、スーパーホテルでは直営店舗以外では、アテンダントと呼ばれる、いわゆるアルバイトが中心的な戦力になっています。店舗近隣に住んでいる主婦の方や、フリーアルバイターという方もいらっしゃいますが、大学生のアルバイトも比較的多くいます。

ホテルでアルバイトをする理由として、「顧客満足度Ｎｏ．１のマナーを学べるから」が意外にも多く、将来サービス業に就くことを前提に、実践的に接客サービスを学びたいと考えているようです。

また、なかにはスーパーホテルが実践しているＳＤＧｓ関連の取り組みや、環境への配慮、あるいはロハスといったコンセプトに共感して応募してくれる大学生も少なくありません。

当ホテルでは、そんな大学生アルバイトのために、２０２３年に初めて「就職応援セミナー」を実施しました。対象は当ホテルで働いてくれている大学3年生、受講料は無料、交通費支給で開催しました。

実は、「接客サービスを学びたい」と考えている大学生アルバイトの中には、航空会社志望の学生が多いので、元航空業界の講師を招いて航空業界のおもてなしがどういうものなのかを講義いただき、就職面接のロールプレイングも実施して、とても好評でした。

当ホテルには、アルバイトから正社員に登用するという制度があるのですが、それ自体あまり知られていないこともあり、こうした就職応援セミナーを通して、もっとスーパーホテルにも興味を持っていただき、正社員登用に結びつけたいという意図もありました。

この就職応援セミナーに参加してくれた方の中から、実際に「スーパーホテルに就職したい」とエントリーしてくれた学生もいました。

「スーパーホテルらしさ」「スーパーホテルならでは」を強化し、アピールしていくことで、採用もやりやすくなります。今後も、こうした活動は続けていきたいと思っています。

原教授の「理念浸透の究極の仕組み」についての考察

理念を実践するためのいくつもの仕組み

理念浸透は、企業活動において非常に重要です。まずは理念を創る。そして、その理念をスタッフ全員で共有する。それから、共有した理念を全員で実践する。そこまでが一連のまとまりです。

理念を創っておしまいでは意味がありません。また、理念をすべてのスタッフで共有できたとしても、日々の業務の中で、それが実践され、具現化されなければ、やはり意味がありません。

つまり、この章が扱っている理念浸透のために、単に理念をすべてのスタッフで共有するところまでを指しているのではなく、それを現場で実践している、実践できるように仕組み化されていることが大切です。さらには、社員一人ひとりが理念を実践できるようになるための人材育成の仕組みも用意されているという点が重要です。

理念経営というキーワードでまず思い浮かぶのは、長野県伊那市にある伊那食品工業です。「かんてんぱぱ」の名称で知られる寒天製品を製造・販売している会社です。創業以来48期連続で増収増益を果たしたことでも有名で、トヨタをはじめ、多くの大企業が、その経営手法に関心を寄せるほどの安定経営を継続しています。

伊那食品工業の成長を支えているのが、社是(企業理念のことだと考えてよいでしょう)である「いい会社をつくりましょう　～たくましく　そして　やさしく～」の浸透と実践です。

伊那食品工業では、企業として売上・利益はもちろん追求しますが、企業の目的・あるべき姿は「社会、人々の幸せ」を追求することであり、その中で最も身近な「社員の幸せの追求」を大切にするということを掲げています。

良い商品の提供を通じて顧客満足も獲得するが、それだけでなく社員の幸せも大切にするという理念を浸透させ、実践していることで、48期連続の増収増益を実現してきたといえます。

業種もビジネスモデルも理念の方向性もスーパーホテルとは異なりますが、しっかりと理念に基づいた経営を実践しているという点では共通しています。スーパーホテルも伊那食品工業も、企業理念の浸透・実践の大切さを教えてくれています。

「その企業らしくない」というのはどういうことか？

以前に、企業の持続性と企業理念、あるいは創業者理念との関係性について、いわゆる長寿企業を中心に、調査研究を実施したことがあります。創業100年以上の400社ほどの企業からアンケートに回答をいただき、必要に応じて社長や創業家にインタビューを実施しました。

興味深かったのは、企業理念によって「その企業らしさ」を表現することは難しいのですが、「その企業らしくない」というのはどういうことなのかが、意外にはっきりするということです。

理念自体は比較的幅があって、自由度が大きい。何をやってもかまわないというほど広くはないが、やってはいけないこと（らしくない）ことは明確で、その中間領域とでもいうべき範囲が広いのです。

創業当時は、かなり絞られた事業ドメインでスタートしていたとしても、その後は、理念を基にしながらも、かなり幅の広い事業領域に発展拡張しているケース(企業)が少なくありませんでした。

「守破離」に通じるスーパーホテルのおもてなしの実践

このような理念経営と企業の発展のあり様を見てみると、日本古来の考え方である「守破離」に通じるものがあるように思えてきます。

守破離とは、元は千利休の茶道における思想だといわれています。今日では茶道に限らず、華道でも、その他の芸事でも大切にされている考え方です。

守は、師匠から教わった型を徹底的に身につけることを指しています。最初は師匠からしっかりと型を学ぶ。

そして、その型を完全に修得できたら、そこに独自の研鑽を加えて新しい型へと発展させる、すなわち師匠の型を超えていくことになります。

そこからさらに研鑽を積むと、型があってもなくても自由に使いこなせる境地に至り、特定の型から離れる(意識しない)ことになるというのが守破離です。

このような考え方は、世阿弥の研究者でもある西平 直先生の『稽古の思想』（春秋社刊）という書籍にも詳しく書かれています。長寿企業における理念浸透と、その理念の実践との関係性が、この守破離にも通じるように思います。長寿企業として、長く発展成長し続ける上で、これはとても大切なことかもしれません。

さて、この守破離、スーパーホテルのおもてなしの実践にも当てはめて考えることができそうです。

守は「サービススタンダード」です。基本的で、根源的なサービスのあり様を、すべてのスタッフが着実に身につける。なぜ、それをするのかといえば、それは理念を実現するためです。

基本をマスターしたら、次は「日常の感動アプローチ集」というツールを活用して、個々のお客様に最適化されたおもてなしを、具体的に、臨機応変に実践することができるようになります。まさに破です。サービススタンダードの型を打ち破り、高次元のおもてなしを実現するのです。

そして、さらなるステージは離です。基本の型を身につけ、臨機応変のおもてなしを生み出し、その結果、理念の実現を自在になし得る境地に至るということでしょうか。

研修という形で理念を浸透させることで、理念を実践することを可能にし、かつ、サービススタンダードや日常の感動アプローチ集というツールを上手に使って、すべてのスタッフが臨機応変のおもてなしを実践できるようになります。

このように高位標準化するということも、理想的な理念浸透経営だといえるでしょう。

コラム

8割がアルバイトの現場で提供される究極のおもてなし③

感動を生むウェルカムカード

コミュニケーションツールとして活用

旅館やホテルでは、予約のお客様の部屋にウェルカムカードを置いておくおもてなしは、比較的よくされていると思います。

私たちもウェルカムカードを大切にしていて、スタッフの手作りがほとんどです。既成のものに名前だけ書き込むような簡易なものではありません。

一般的にウェルカムカードは、宿泊いただいたお客様に感謝の気持ちを伝える文面が多いと思いますが、私たちは感謝のメッセージから派生する形でさまざまなカードを、お客様とのコミュニケーションツールとして活用するようになっています。

誕生日のお客様には「お誕生日カード」、受験で宿泊されている学生さんへは「受験応援カード」をお部屋に用意しています。

またカードをお渡しするタイミングも、お部屋に案内する前に用意しておくときもあれば、宿泊中に、お部屋のドアノブにかけておくという場合もあります。

お客様の中には、「素敵なウェルカムカードをもらった」とSNSに写真をアップしてくださる方もいらっしゃいます。

実は、ウェルカムカード自体は、最初から標準のおもてなしとして組み込まれていたわけでありませんでした。ある店舗で自主的にやっていたことを本部が目に留めて、「とても良い取り組みだから全店舗に広げよう」と、標準化していったのです。

宿泊されるお客様の情報がある程度わかっていれば、その情報に基づいてコメントを変えるなど、スタッフが個々に工夫をしています。近くのスタジアムで開催されるイベントのために宿泊されていることがわかっていれば、そのことに触れたウェルカムカードの文面にしますし、遠方からお越しいただいていることがわかっていれば、「遠方からのご移動、お疲れ様です」と一言添えます。

なかには、ご当地感を演出するために、その土地の有名な建物などをモチーフにしたウェルカムカードをオリジナルで作成しているスタッフもいます。

ある年配のご夫婦からの手紙

ウェルカムカードについては、こんなエピソードがあります。

ある店舗に、年配のご夫婦が宿泊された際、チェックイン時に宿泊の目的についての話になりました。ホテルの近くに娘さん家族がお住まいで、翌日は、お孫さんを交えて近くのテーマパークに遊びに行かれるとのことでした。

　このご夫婦は、スーパーホテルをとてもごひいきにしてくださっていて、全国各地の当ホテルを利用いただいており、娘さんのご自宅に宿泊されるのではなく、あえてスーパーホテルにお泊まりいただいていたのです。チェックイン時の会話は、そういう話で、孫とテーマパークに行くことがとても楽しみだと、うれしそうにお話しされたとのことでした。

　その話を聞いたスタッフたちが、そのうれしそうにお話ししてくださったご夫婦に何かいい思い出になればと、お手紙を書いて、ドアノブにかけておきました。

　翌朝、お客様はテーマパークへ行くために朝食も食べずにチェックアウトされるとのことでしたし、スタッフも朝にはシフトが交代になるので、直接お渡しすることはできないため、夜のうちに書き上げてドアノブにかけておいたそうです。

　早朝シフトに入っていたスタッフがホテルに向かっていると、年配のご夫婦が並んでホテルのほうを向いて、ご主人が帽子をとって、深々とお辞儀をされている姿を見かけたそうです。

　早朝シフトのスタッフは、「うちのホテルのお客様かしら」とは思ったものの、とくにお声がけはしませんでした。

　その後しばらくして、ご主人から手紙が届きました。そこにはこんなことが書かれていました。

　ご主人は仕事がら単身赴任が多く、家族と一緒に暮らした期間はとても少なかったそうです。そして、定年退職をされ、時間に余裕ができたので、これからは奥様と二人、全国を旅行しようと計画されていた矢先、奥様にご病気がみつかり、余命半年といわれたそうです。

ご主人としては、治療にあたりつつも、残された時間を有意義に過ごしたいとのことで、奥様の体調に問題がなければ、お二人で全国を旅行されているとのこと。お孫さんとのテーマパーク行きも、その一環だったそうです。

「スーパーホテルに泊まると、スタッフが本当によくしてくれて、先日はこんなカードまでもらって、おかげで孫とのテーマパークはとても楽しかった」と。「妻も喜んでいて、次はあそこへ行きたい、ここへ行きたいと、旅行が妻の生きがいになっているようだ」と、書かれていました。

この手紙を読んで、あの早朝に、ホテルに向かってお辞儀されていたご夫婦は、このお二人だったのだと気づき、またスタッフがしたためた手紙にそれほど喜んでいただけたことに、むしろ感謝するとともに、ウェルカムカード(かなりいろいろとバリエーション化していますが)が、お客様とのとても重要なコミュニケーションツールになっていることを実感できました。

受験生のお客様には
手書きの応援メッセージ

お客様には、お客様ごとにいろいろな背景や事情がおありです。そうした背景や事情に対して、ホテルとして何ができるということでもないのですが、それぞれの背景や事情があるのだということに思いをはせることで、より良いおもてなしが可能になるのだと、常からスタッフとは話し合うようにしています。

また受験シーズンになると、受験生の宿泊が増える店舗があります。そうした店舗では、合格の願掛けになるチョコレート菓子を添えて、スタッフによる手書きの応援メッセージをお渡しししています。合格すれば、その地域の大学に4年間は通うことになるはずですから、〝合格したらまた来てね〟と一言添えるようにしています。

実際、合格された学生さんが来てくれることがよくあります。なかには、「自分もこのホテルでアルバイトがしたい」といってくれる学生さんもいます。

こうしたこともまた、ウェルカムカードのうれしい効用のひとつです。

スーパーホテルでは、このような事例や、お客様アンケートで寄せられたお褒めの言葉などについてはイントラネットを通じて、スタッフ全員が情報共有できる仕組みがあります。さらに半期に一度、先の事例のようにお客様から感動的なお手紙をいただいた店舗を「CS感動大賞」として表彰する制度もあります。

こういった仕組み、制度を介して、全国のスタッフに情報が共有され、それがまた刺激になって、さらに工夫を凝らしたウェルカムカードができあがり、それをまたお客様に喜んでいただき……という好循環が生まれています。

第 4 章

自律型感動人間を育成する!
究極の仕組み

1

創業者・山本梁介の思いを伝える

■バブル経済が崩壊し最大の危機に直面

スーパーホテルの創業者である山本梁介（現会長）は、その前身である家業を25歳のときに引き継ぎました。決して順風満帆ではなく、幾度となく失敗も繰り返し、厳しい状況に陥ることもあったようです。

危機的な状況となったのが１９９３年、山本梁介が51歳のときでした。その頃は、地価や株価が下落し、バブル経済が崩壊、日本経済は極めて厳しい状況におかれていました。

経済成長は戦後最大のマイナスを記録。企業のリストラ、倒産から失業率は最悪となり、雇用不安も強まりました。物価が下落して、企業収益の悪化を招き、不況と連鎖するデフレスパイラルの危険性が高まり、巷間では「平成大不況」という言葉さえ聞かれるようになったのです。

こうした経済環境の中で、当社も業績が低迷し、93年のこの年、社員に給料も払えないような状況が続きました。

しかしそれにもかかわらず、社員たちは、みんな朝早くから夜遅くまで一生懸命に働き続けてくれました。

■初めて「感謝」の大切さを知る

その社員たちの姿を見たとき、山本は自然と社員に対して感謝の気持ちが湧いてくると同時に、「感謝」ということの大切さを痛感したといいます。

そのときまで、山本自身は、経営に必要なのは人々のニーズを探り当てたり、ターゲット市場の動向を見極めたりする経営センス、つまり感性だと考えていたそうです。もちろん、経営に関する多くの先達が、「(経営には)感謝が大切」だといっていることは知っていたとのことですが、実感として「感謝が経営に必要だ」という意識は持てていなかったそうです。それより感性だし、さらにいえばハングリー精神のほうが大事だろう、と。

しかし、自身が舵取りをしている事業がどん底で、社員に給料も払えないような状況であるにもかかわらず、文句もいわず、平時よりむしろ一生懸命働いてくれている社員の姿をみて、強い感謝の気持ちが湧いてきたのだそうです。

そして、その強い感謝の気持ちがエネルギーとなって、「よし、やってやる！」という前向きな気持ちが生まれたのだと、山本はよく当時を振り返ります。

それまでは、「バブル経済が崩壊して、こんな状況になったから、わが社も傾いたんだ」「金融機関がつぶれる時代だ。仕方がない」「世の中は平成大不況だ。自分が悪いわけじゃない」と、すべてを他人や環境のせいにしていたことを強く反省し、他責意識から、自責意識に変わっていってから、社員はもちろん、家族や周りの人たち、取引先、もちろんお客様も含めて、すべての人たちに感謝する気持ちを持てるようになったといいます。

さらによかったことは、周りに対する感謝が生まれると、いろいろなことに前向きになって、自分自身くよくよすることがなくなり、明るくなったことだと山本はいいます。

そして、現在のスーパーホテルのあり様を着想したのが、この時期でした。当時は、かなりの負債を抱えていましたが、「もう一度、チャレンジする!」という決意で、スーパーホテルの本格的な事業化に邁進することになったのです。

このときの経験によって、山本の経営哲学は磨かれ、「感性と人間力」を大切にするようになり、社員に対してもそれを熱く語るようになりました。とくに若い世代に対しては、感謝の大切さを説いています。

2

「人間力研修」で感謝の気持ちを養う

■人間力の基本は「感謝」

山本がいう「感性と人間力」ということを、スーパーホテルは大切にしています。「創業の精神」にも書かれていますが、社会人になってからは感性と人間力が必要で、感性とは第六感、「こうしたほうがいい」とピンチをチャンスに変える方法がひらめくこと。思うようにならなくても、他人のせいにして逃げたりせず、自力で何度でもチャレンジする。そうすると、さらに考えや行動にも磨きがかかり、それによってさらに感性が磨かれていくという好循環を生み出します。

そして、人間力の一番の基本となるものは「感謝」であると位置づけています。人は、「周りのみんなに支えてもらっているのだ」、ということのありがたみがわかれば、その「みんな」のために頑張ろうというパワーが生まれます。

Faithに書かれている「自律型感動人間」の定義

私たちはフェイスを深く理解し、日々実践すると共に、お客様と働く仲間に感謝と感動の気持ちを持って接します。自らの可能性を信じ、自責で考えることによって、人間的成長を求め続けます。

感謝の気持ちから生まれた、「みんなのために頑張ろう」というパワーを使った、磨き抜かれた感性に基づく行動は、他人を感動させられるようになります。私たちは、感謝の気持ちをエネルギーにして、自分で考えて行動し、人を感動させられる人間になることを目指しています。

スーパーホテルでは、そうした人材の育成に取り組んでいます。そして、そうした人材のことを、「自律型感動人間」と呼んでいます。

本来的にいえば、「自律型感謝人間」です。感謝を大切にして、感謝をエネルギーに変えて、自律的に行動できることが大切なのですから。しかし、あえて「感謝」ではなく、「感動」に置き換えています。

感謝は自分の心のあり様ですが、感動は相手の心のあり様です。つまり、自律的に行動することで、（相手を）感動させられる人間であろうという意味合いなので、自律型感謝人間よりは、自律型感動人間のほうがよりふさわしい表現だと考えました。

私たちスーパーホテルでは、働くすべての仲間たちに、自律型感動人間になってもらうことが、事業のさらなる成長につながるという信念のもと、人材育成に取り組むようになったのです。

■「感謝」が企業文化に

スーパーホテルに入社すると、必ず「人間力研修」を受講してもらうことになります。1週間の完全合宿研修です。具体的なカリキュラム内容等については触れませんが、この研修に参加する効果だけをお話ししておきます。

この研修を修了すると、感謝の大切さを実感として理解できるようになります。「感謝が身につく」といってもいいかもしれません。

参加者はみな一様に「(これまでの人生で)どれだけ多くの人に支えられたか」を学びとり、とくに家族に対して感謝の念がふつふつと湧いてくるようです。

私たちスーパーホテルでは、すべての社員がこの研修を受講・修了しているので、今では「人に感謝する」ことが、ひとつの企業文化のようになっています。

あるとき、中途採用で入社してきた社員が、「社内でこんなに〝ありがとう〟を聞くことは、いままでなかった」と驚いていたことがあります。

ごく普通の人(スーパーホテルの社内の様子を知らない人という意味です)から見れば、これほどまでに感謝の言葉が飛び交っている職場は珍しいのだそうです。

私たちは、ふだんからお互いに感謝の言葉を使っています。それは、誰かから何かをしてもらったとき、それを有り難いことだと思えるので、自然と感謝の言葉が口をついて出ます。

感謝の反対語をご存じでしょうか。それは「当たり前」です。「当然」という言葉もそうですね。やってもらって当たり前、やってもらうのが当然。そう考えたら、感謝の言葉は出てこないでしょう。

たとえば、親がご飯を作ってくれる。洗濯をしてくれる。部屋を掃除してくれる。

「そんなの、親なんだから当たり前」と考えてしまうと、感謝の気持ちなんか湧きません。確かに、親には子供を扶養する義務があります。だから、食事を与えることも、衣服を与えることも、当たり前と考えることはできるでしょう。

しかし、人として何かを提供してもらったら、それを有り難いことと感謝するのはとても大切です。親だけれど、ご飯を作ってくれてありがとう。洗濯してくれてありがとう。掃除してくれてありがとう。そういう感謝の念を抱くことが大切です。

仕事も同じです。「仕事なんだから、やって当たり前」、そう考えることもできます。しかし、やってもらうことは、当たり前ではなく、有ることが難いことなのだと考える。有ることが難い、つまり有り難い。だから「ありがとう」と伝えるのです。

一つひとつのことが、どれもこれも当たり前のことではなく、有り難いことなのだという感謝の気持ちを持つ。これこそが、自律型感動人間の基本です。

私たちはスタッフ全員、その思い、考え方を、常に、誰に対しても実践できるよう努めています。それは、大きな強みのひとつであると自負しています。

3

アテンダント（アルバイト）が受講する延べ30日間研修

■トレーナーの励まし、寄り添いが肝

スーパーホテルでは、アテンダント（アルバイト）を対象とした集合研修を実施します。その際、参加してくれるアルバイトたちにも、「研修参加を当たり前だと思わないで」と最初に伝えています。

研修に参加しているみんなの成長のために、店舗のスタッフが送り出してくれているのだということを理解して、そのことに感謝してください、と伝えるのです。

さて、スーパーホテルでのアテンダント向けの研修は、初期研修からはじまります。採用された店舗にて、おもに支配人や副支配人がトレーナーとなって、延べ30日間の予定で実施されます（受講する側の経験やキャリアによって、多少の期間の変動はあります）。

初期研修の最初に実施するのが、スーパーホテルの沿革やコンセプト、ＳＤＧｓに関する考え方、取り組みなどに加えて、Ｆａｉｔｈについての理解を促す知識研修です。

この基礎知識を学んだ上で、さらにスーパーホテルのコンセプト、サービススタンダード、そして自律型感動人間についての研修も実施します。この研修だけで３日間を費やします。

そして、その後は、初期研修の達成目標として設定されているいくつかのゴールに向かって、トータル30日間のトレーニングが始まります。

この初期研修を受講するにあたっては、受講する側は毎日トレーニングレポートを書いています。その日はどんなカリキュラムを受講し、どんな気づきがあったのか、あるいは十分に理解できなかったことがあるとすれば、それはどんなことなのか、どんな点が理解できなかったのかなどを記入します。

そのレポートを研修終了後に提出し、それについて担当トレーナー（多くの場合、その店舗の支配人）がコメントなり回答なりを書き込みます。

こうした研修が延べ30日間続き、基本のフロント業務ができるようになります。受講する側にしてみれば、この初期研修は不安なことも多いと思います。

周りはみんなできているのに、自分だけできていないと思い込んでしまって、自信をなくしてしまうようなシーンもあります。思うような結果が出せず、悔しい思いをすることもあります。

実は、この30日間の研修で壁にぶつかり、スーパーホテルのアテンダントを続けていく自信をなくし、辞めていってしまうということが稀にあります。

だからこそ、トレーナーは受講中のアテンダントに寄り添って、とにかく励まし、そしてフォローし続けます。

また、研修中には、いくつものスモール・サクセスを経験させるようにしていて、そのスモール・サクセスの積み重ねが、やり抜く自信につながっていくようです。

4

「自律型感動人間」を育成し続ける仕組み

■4つの階級をのぼっていく「スター制度」と研修プログラム

スーパーホテルでは、社員、アルバイトに関わらず、アテンダントにはスキル到達度に応じて、「ブロンズ」「シルバー」「ゴールド」「No・2」という階級を設定した「スター制度」というものを用意しています。

資格等級のようなランク分けだと思っていただければよいでしょう。

初期研修を終えて、現場で働くようになると、次の目標としてブロンズを目指すことになります。そして、ブロンズをクリアしたら、次はシルバーを目指し、シルバーをクリアしたら、ゴールドを目指すというような、自身がレベルアップできるような仕組みを設けているのです。当然、それぞれのランクを目指すための研修プログラムも設けられています。

アテンダント要件表

スター	役割	勤務年数（目安）	評価者	合格基準
NO.2	■支配人の右腕として、店舗運営のサポートができる ■NO.2としてスタッフを取りまとめている ■NO.2としての後輩指導・育成を行っている ■ラッキーコール対応を完結できる ■お客様満足度向上のための改善提案を行い、みなを巻き込んで実践している	2年	支配人 副支配人 経営品質本部	WEB試験 80% トレーニングログ NO.2習得 面談
ゴールド	■ゴールドとして積極的にお客様満足度向上の取り組みができている ■感動のおもてなしリーダーとして接客の模範的存在となっている ■シルバー以下の指導・育成を行っている ■ラッキーコールの一次対応ができる ■作業効率化のための業務改善ができている	1年半	支配人 副支配人 経営品質本部	WEB試験 80% トレーニングログ ゴールド習得 オペレーション ゴールド習得 面談
シルバー	■お客様のニーズを先読みし、期待を超えるサービスを提供できている ■トレイニー・ブロンズの指導を行っている ■迅速かつ正確な業務遂行ができている ■イレギュラー対応ができる	1年	支配人 副支配人	WEB試験 80% トレーニングログ シルバー習得 オペレーション シルバー習得
ブロンズ	■お客様に好感を持っていただき、元気になっていただく接客ができている ■ひとりで基本のオペレーションに従った確実な業務遂行ができている	6カ月	支配人 副支配人	WEB試験 80% トレーニングログ ブロンズ習得 オペレーション ブロンズ習得
トレイニー	■支配人・副支配人・先輩の指示に従って、忠実に業務を遂行できている	【評価時期】 □上期評価　3月～4月 □下期評価　9月～10月		

それぞれのランクの到達目標スキルを簡単に説明すると次の通りです。

ブロンズの場合は、「フロント業務を、自分ひとりで、きちんと遂行できる」ことがクリア要件となります。

シルバーの場合は、ブロンズの要件は当然に満たした上で、さらに「お客様からのイレギュラーな要望に対しても、適切に対応できる」ことが要件となります。

そしてゴールドの場合は、「あらゆる業務の遂行において、常に模範的で、かつ後輩のトレーニングができる」ことが要件となります。

各店舗で採用されるアテンダントにも、採用時に研修制度やこうしたスター制度について説明をします。アテンダントの場合、「ブロンズ→シルバー→ゴールド→No・2」とレベルアップすることで時給もアップしますので、そこはきちんと事前に説明しています。

■職能資格等級に応じた役割や活動目標を記入する「チャレンジシート」

社員に関しては、初期研修が終わって現場で働くようになった瞬間から、次のステップとしてのブロンズを目指すことになるわけですが、あれもこれもの詰込み教育をするわけではありません（もちろん、一定の研修カリキュラムはありますが）。

社員には「チャレンジシート」と「ランクアップノート」を配布し、それを活用してもらうことで、自主的・計画的に能力アップ・スキルアップができるように支援しています。

「チャレンジシート」には、社員の職能資格等級に応じて、求められる役割や、その役割を達成する上でやらなければならない活動目標などが記入されています。目標は、A目標・B目標・C目標と大きく3つに分けられています。

Aは、年度目標や経営計画目標など、具体的な数値目標も含んだ目標設定がなされています。Bでは、業務能力や、立場によっては部下育成能力の向上などが目標設定されます。そしてCは、人材要件目標というものが設定されます。スーパーホテルが別途設定している「自律型感動人間になるための人材要件（全12項目）」というものがあり、その中からいくつかを自身で選定して、目標設定してもらいます。その上で、それぞれについての具体的なやり方、進め方を記入して、達成時期も記入します。きちんと時間を区切って、達成をコミットメントしてもらいます。

このチャレンジシートは、半期ごとに各自に作成してもらい、上長が確認していきます。

当ホテルでは、人材育成の観点から、「上司と部下の成長対話」という、いわゆる1on1ミーティングを毎月実施していますが、そこでも、このシートをベースにして計画の進捗状況を確認したり、問題や悩みを抱えていたりすれば、上司に相談して解決していくという仕組みも用意されています。

■自身のPDCAサイクルを回す「ランクアップノート」

もうひとつのツールである「ランクアップノート」は、日々の業務をきちんと遂行しつつ、計画的に、そして段階的に自身の能力アップ・スキルアップをしていけるように、自身のPDCAサイクルを回せるツールです。

ランクアップノートには、月次目標を書き込んで、その月の達成目標を明確にするとともに、その達成に向けた具体的な取り組みについて週次の目標に落とし込みます。さらにそこから日次の目標設定に落とし込み、業務終了後は「本日の反省」として振り返りと気づきを記入します。そして、1週間経過したら「今週の結果と反省」

を記入します。

このランクアップノートは、定期的に上司が内容を確認して、必要に応じてコメントを書き入れます。

褒めるべき点はしっかりと褒め、アドバイスすべきポイントについては、しっかりとアドバイスすることで、本人の自主性（自律性）を重んじつつも、上司との二人三脚で成長できるような仕組みとして、ランクアップノートは活用されています。

■研修参加者自身がテーマを決める「自律性を養う」研修

すでに触れたように、スーパーホテルでは、初期研修の段階から、自律型感動人間の育成ということを大切にし、具体的に研修の中に盛り込んでいます。

これまでにお話ししてきた研修は、ごく基本的な研修体系のことですが、こうした基本の研修体系とは別に、自律型感動人間の育成に特化した研修というものも実施しています。

■地域に出向いて能動的に参加する「グリーンツアー」研修

当ホテルでは、自律型感動人間育成の一環として、岐阜県の東白川村や地域協定を結んでいる宮崎県の諸塚村への「グリーンツアー」研修を実施しています。

グリーンツアーでは、実際に社員がお邪魔して、地域の方々と接しながら、農業体験をしたり、ワークショップを開催して、過疎化問題についての解決策を考えるといったことも行っています。

もちろん、解決策を考えておしまいではなく、最後には地域の方々に向かって、企画内容をプレゼンテーションさせていただきます。

このような能動的に参加する形の研修をどんどん取り入れることで、自ら考え、自ら行動するという、自律型感動人間の基本が身につけられます。

一時期は、コロナ禍の影響でそうした研修ができなくなってしまっていましたが、2023年5月に新型コロナが5類に移行したことに伴って、徐々にではありますが、こうした研修の実施を再開できるようになっています。

原教授の「自律型感動人間育成の究極の仕組み」についての考察

非認知能力向上を目指した人間力研修

本章は、スーパーホテルがスタッフにこうあってほしいと考える「自律型感動人間」とは何かということと、そうした人材をどう育成しているかが主題でした。

まず「自律型感動人間」とはどのような人材かですが、端的にいえば、自ら気づくことのできる人間ということのようです。誰かに示唆されて気づくのではなく、自ら気づくことが重要。気づくだけではダメで、気づきに基づく行動につなげることが大切です。そしてその行動は利己的なものでなく、相手を慮っての行動でなければなりません。相手のための行動であるからこそ、その相手に感動と喜びを与え得るのです。

スーパーホテルでは、この自律型感動人間を育成すべく、人材育成のプログラムを体系的に組み立てています。

重要なポイントは、自律型感動人間になるための人材育成プログラムには、きちんとしたプロセスがあり、途中に適切なマイルストーンを設定し、それらを段階を踏んでクリアしていくことによって、最終的にゴールである自律型感動人間に到達することができるように設計されているという点です。

各マイルストーンも、少し頑張れば届くことが可能な高みに設定することで、受講するスタッフの達成意欲を喚起しています。途中のマイルストーンに頑張って到達できれば、達成感を得て自己肯定感も生まれますし、それによって「次も頑張ろう」という動機付けにもつながっているようです。

人間の能力には、認知能力と非認知能力があります。

認知能力とは、読み書きの能力や、論理的にものを考える能力などです。認知能力のいくつかは、ＩＱテストなどで数値化することができる能力です。

これに対して非認知能力とは、積極性やリーダーシップ、モチベーションの高さや粘り強さなどのレジリエンス能力のことです。社会情動的スキルとも呼ばれます。

一説によれば、認知能力が向上しても非認知能力は向上することではないが、非認知能力が向上すると、あとで認知能力も向上させることが可能になるとのことです。

そのため、昨今では企業の人材採用・育成においても、非認知能力に重きを置くようになっています。学習意欲が高く、粘り強く物事に取り組める(非認知能力が高い)人材なら、知識や論理的思考など(認知能力)はあとから修得可能になるということです。

スーパーホテルが取り入れている人間力研修などは、まさに非認知能力の向上を目指したものといえるのではないでしょうか。入社後の早い段階で非認知能力を高める研修を実施することで、認知能力はあとからついてくるということです。

ホテル業におけるホスピタリティという無形の価値は、相手を思いやる利他の精神をベースとして、「今だけ・ここだけ・あなただけ」という一期一会の精神性を重視したおもてなしによって、価値提供が可能になるものです。

そして、それを上手に遂行するためには、認知能力よりも非認知能力のほうが重要です。その意味でいっても、スーパーホテルが目指す自律型感動人間を育成するための一連の教育・研修プログラムは、スーパーホテルの理念を実現する上で、非常に理にかなったものだといえるでしょう。

「心の通った合理性」を目指す

もうひとつ、自律型感動人間の育成という取り組みを見て思うことがあります。それは、以前にスーパーホテルの創業者である山本会長と神戸大学の金井壽宏先生との共著で出版された『5つ星のおもてなしを1泊5120円で実現するスーパーホテルの「仕組み経営」』（小社刊）の中で、金井先生がおっしゃられた「心の通った合理性」というキーワードです。

ホテル事業、とくにビジネスホテルというカテゴリーにおいては、どうしても効率性や合理性を優先しがちです。しかし昨今の市場環境を俯瞰してみると、やはり効率性・合理性だけでは持続的な成長は難しくなりつつあります。

スーパーホテルでも、片方の手では効率化・合理化に向けてスマートチェックインを導入する一方で、もう片方の手では感動体験を提供するという、ホスピタリティを重視する取り組みにも余念がありません。「心の通った合理性」を目指していることがわかります。

機械化・自動化で業務の効率化に取り組んでも、それだけではお客様には価値を感じていただけません。価値を感じてないどころか、場合によっては無機質なサービスに辟易し、ファンであることをやめてしまうかもしれません。そうなるとホテル事業の持続性そのものが危ぶまれる事態にも陥りかねません。

しかしそこに、「自律型感動人間」の理念による心の通う接客が入ることで、合理性だけではない、ホスピタリティが両立するのです。

もっといえば、前章で取り上げた理念浸透という取り組みと、自律型感動人間を育成することで生まれる「心の通った合理性」によって、スーパーホテルの強みが発揮されているといっても過言ではないように思います。

京都には、老舗と呼ばれる歴史の深い企業・組織が数多く存在します。その背景として、京都では何を守り、何を変えるかという判断基準が企業・組織ごとに明確になっています。その基準が揺るがないということが、長続きの秘訣として存在するのではないかと思います。

何を守るか、それは理念や理念から生み出される本質価値でしょう。

そして、何を変えるのか。それは理念を伝える、あるいは本質価値を表現する媒体です。どんな媒体を使って理念を伝承し、本質価値を表現するかは、時代の変遷や場所に応じて変えていく。しかし、そこに乗せる理念や本質価値は変えない。

それが長寿企業を生む秘訣なのではないでしょうか。

コラム

8割がアルバイトの現場で提供される究極のおもてなし④

できるだけ名前でお客様をお呼びする

お客様の名前を覚える

私たちは、できるだけお客様をお名前でお呼びすることを心がけています。それも可能な限り、お客様が名乗る前にこちらからお名前で呼ぶようにします。

こんなエピソードがあります。

あるリピーターの方が、2年ぶりに同じ店舗に宿泊されたときに、ご本人が名乗る前に、スタッフから「○○様、おかえりなさいませ。お久しぶりでございます」と挨拶されて、驚いたし、うれしかった、と。

こうしたエピソードは、宿泊のお客様からいただく「お客様アンケート」に、印象に残った出来事として書かれたものを本部でまとめています。

「名乗る前に名前を呼ばれてびっくりした」という声は比較的多くいただきます。

他店のリピーターでも同じおもてなしを心がける

スーパーホテルでは「感動のおもてなし準備」をしています。その日にチェックインされるお客様は当然、予約情報がありますから、システム上、どんなお客様がいらっしゃるのかは確認できます。

予約に関する基本情報としては、いつつまで何泊されるとか、どのプランを利用されているとか、もちろんお名前もわかります。またそのお客様の情報として、過去にどこのスーパーホテルを利用されたことがあるかという利用履歴も確認できるようになっています。

さらに、「チェックインリスト」にある「備考欄」がとてもよく活用されています。

備考欄はスタッフの自由記入欄で、「上層階のお部屋を希望される」とか、「領収書は必ず会社名の◎□○で」とか、「この枕を好まれる」といった補足情報を、気づいたスタッフが書き込んでいます。

備考欄の記述を確認することで、そのお客様にどんなおもてなしをすべきかを到着前に準備しておくことが可能になります。

「チェックインリスト」の「備考欄」を全員が活用

私たちは、全員が「感動のおもてなし準備」に余念がありません。ですから、「上層階を好まれる」と備考欄に書いてあれば、できるだけ上層階のお部屋を準備するようにします。そして、チェックイン時には、「いつもの上層階のお部屋をご用意させていただきました」とお伝えします。

もし客室の都合で上層階の部屋をアサインできなかった場合、「あいにく4階のお部屋しかとれず申し訳ありませんでした」と一言添えることもあります。

こんなエピソードがありました。

スーパーホテルを頻繁にご利用いただくリピーターの方がいらっしゃいました。全国展開されているチェーン本部の役員の方です。あるエリアで宿泊されるときには、決まって、そのエリアのスーパーホテルを利用いただくのですが、実はそのスーパーホテルからお客様の目的地となる本社まではかなり遠くて、「もっと目的地に近いホテルもあるのに、なぜいつもスーパーホテルをご利用いただけるのか」と、スタッフが尋ねたことがありました。

お客様がおっしゃるには、「スーパーホテルでは、どこへ行ってもいつも低層階の部屋を用意してくれる。あるときは〝今日は5階の部屋しか用意できなかった。申し訳ありません〟と謝られた。その心遣いがとてもありがたく、だからいつも利用している」とお話しくださいました。

実は、以前、別のホテルで火災報知器が鳴り、そのときに7階の部屋で、とても怖い思いをされたということ。だから初めてスーパーホテルを利用したとき、チェックイン時に低層階を希望したと。それ以降、頼まなくても低層階を用意してくれて、うれしかったとおっしゃられました。

そうしたおもてなしを可能にしたのは、「チェックインリスト」の「備考欄」の活用であり、常に「感動のおもてなし準備」に取り組んでいるスタッフの努力のたまものと誇らしく思います。

第 5 章

どんなサービス業にも応用できる!「理念経営×自律型感動人間」という究極のサービスマネジメント

1

ホテルのホスピタリティを介護事業に横展開する

■ホテル事業も介護施設事業もホスピタリティが大切

株式会社スーパーホテルでは、「スーパーホテル」ブランドのホテル事業の他に、介護施設事業も手掛けています。関西エリアを中心として、55の施設があります。

ホテル事業も介護施設事業も基本的にはサービス産業なので、どちらもホスピタリティが大切。スーパーホテルが培ってきたおもてなしの考え方やノウハウを介護施設の運営に生かせるだろうと考え、2000年に「スーパー・コート」として、介護施設事業に進出しました。

法人自体は別会社ですが、株式会社スーパー・コートもスーパーホテルグループの一員として、スーパーホテルが確立した「理念経営×自律型感動人間」によって生み出される「高品位のホスピタリティ」を優位性にして成長を続けています。

■理念の内容は違っても浸透のさせ方は同じ

とはいえホテル事業と介護施設事業では、経営理念やパーパスはもちろん違います。

スーパーホテルの経営理念は、「私たちの使命」「私たちの目標」という2つで構成されています。

「私たちの使命」は、

『私たちは、「時代を先取りする創造的なホテル運営・コンサルティング事業」を通じ、お客様の活力ある社会活動・経済活動をお手伝いし、地域社会に貢献します。』

「私たちの目標」は、

『私たちは、「安全・清潔・ぐっすり眠れる」ロハスな空間を創造し、世界的レベルでの質の高いサービスを提供し、顧客満足度日本一のビジネスホテルを目指します。』

これに対して、スーパー・コートでは、「スーパー・コートの使命」と「企業理念」の2つを掲げています。

「スーパー・コートの使命」は、

『地域の方に「スーパー・コートがあるから老後が安心」だとおもっていただくこと。』

というものです。

「企業理念」としては、次の2つの項目を取り上げています。

○安全で清潔、イキイキした生活

私たちは、常に安全で清潔、イキイキした生活を提供すると共にご家族の気持ちで親身になってお世話をいたします。

○現地現場主義

現地現場主義に徹底して、お客様に満足していただくために、私達はひたすらお客様の要求に合わせて自分を変えていきます。独自性があり、質の高いサービスをグループをあげて構築しながら時代を先取りする創造的な企業を目指します。

ホテルという業態にお客様が求めるものと、介護施設という業態にお客様が求めるものは異なります。掲げる使命や理念が違ったものになるのは当然のことです。

とはいえ、同じグループの企業として共通しているものもあります。たとえば、

「創業の精神」です。スーパーホテルには、創業家が大切に継承してきた精神があり、それを「創業の精神」として、全スタッフが座右の銘としています。

当ホテルの「創業の精神」を、多少、介護ビジネスに即した文言に変更はしていますが、内容的にはほぼそのままの形で「創業の精神」として、すべての社員の拠り所にしています。

こうした経営理念や創業の精神は、スタッフ全員にツールとして配布し、朝礼では全員が唱和して、心に刻み込んでいます。

ツールの使い方も、スーパーホテルの各店舗で実施しているFaith upと同じです。まず全員で理念を読み合わせします。そして、当番制でそこに書かれている理念なり、行動指針なりの中からいずれかひとつを取り上げて、自分の言葉でコメントを発表します。そして、そのコメントに対して、上長となるマネージャークラスの役職者がフィードバックを行うという流れです。

この方法で、スーパーホテルはしっかり理念を浸透させました。スーパー・コートでも、同じやり方で朝礼を実施しています。

■ホテルのおもてなしを介護施設としての強みにする

介護施設はあくまでも介護施設です。ホテルとは違います。しかし、そのサービスを必要としている人に直接、接してサービスを提供するという点では同じです。

スーパーホテルでは、創業当時から「第二の我が家」のようにくつろいでいただける空間の提供をブランドコンセプトとして掲げていますが、この「第二の我が家」というコンセプトは、介護施設にも当てはまるコンセプトと考えています。

そもそも、当ホテルの創業者である山本梁介が介護施設事業をスタートさせたのは、自分の親を任せたいと思える介護施設を創ろうという発想からでした。自分の親を安心して任せられる施設なら、第二の我が家のようなものだといえるでしょう。

そして、「第二の我が家」のようにくつろいでいただくためのサービスのあり様、ホスピタリティを熟慮して、スーパーホテルでは、「サービススタンダード」を創出し、その「サービススタンダード」をおもてなしの拠り所にしています。

これは介護施設であるスーパー・コートでも通用する考えだと思い、スーパー・コート用のサービススタンダードの開発に着手しました。

実をいえば、初期の段階では、それほど「サービス（おもてなし）」という考え方を重視しておらず、サービス提供に注力するという発想はなかったそうです。

しかし、介護施設自体も競争が激しくなってくるに及んで、スーパー・コートとしても差別化ポイントが必要だという議論が沸き起こってきました。

では、何を差別化ポイントにすべきか、議論の中で「ホテルのホスピタリティが注入されている介護サービスは、競合他社にはない差別化ポイントであり、優位性になり得るのでは？」と、スーパーホテルのおもてなしを取り入れることになりました。

ところが、これがそう簡単にはいきませんでした。そもそも2000年に介護保険制度がつくられ、「介護サービス」ができましたが、それまでは「福祉業」という意識が強く、業界全体に「サービス業」という意識が浸透していませんでした。

本来、介護・医療は「究極のサービス業」であり、人が与える影響度は、ホテル以上に高いはずです。「介護サービス＝人間力（自律型感動人間）×介護スキル×接客スキル」であり、「商品＝人」であるといっても過言ではありません。しかし2004年以降、スーパーホテルが経営品質に挑戦するなかでできた仕組みや接客動画をスーパー・コートにも取り入れましたが、はじめはうまくいかなかったようです。

その原因を探っていくなかで、まずは経営理念の浸透が一番、そして自律型感動人間の育成、これらを先に定着させなければうまくいかないということに気づいたそうです。そこからは、「経営理念の浸透×自律型感動人間の育成」に力を入れました。

仕組みだけを注入しても失敗するということを、このとき学びました。そこで225ページでお話しする病院では、まず「経営理念の浸透×自律型感動人間の育成」から始めることにしたのです。

■現場レベルでの浸透こそが重要課題

昨今では、介護施設はもちろん、病院施設でも接客サービスの質的向上、あるいはホスピタリティの重要性が取りざたされるようになってきています。とくに介護施設では、少子高齢化を背景にニーズは確実に高まっていますが、同時に競争の激化によって、経営が立ち行かなくなる施設も後を絶ちません。

そうしたなかでは、当たり前の介護サービスを、当たり前に提供しているだけでは、お客様に選ばれる介護施設にはなり得ないのです。

そのために、入居者に対する接客サービスの質を向上させる取り組みや、ホスピタ

スーパー・コート 接客スタンダード

私たちのお客様はご入居者、ご家族、見学者様、協力会社様、地域住民様です。
そのお客様に喜んでいただくことが、私たちの誇りです。

1．言葉遣い
私たちは、どのような場面においても、丁寧な言葉遣いで親しみを表します。

2．挨拶
私たちは、挨拶をする際は常に立ち止まり、明るく元気に行います。

3．表情
私たちは、忙しい時ほど穏やかな気持ちで優しい表情、笑顔で行動します。

4．アイコンタクト
私たちは、声かけや会話をする時は、お互いの目の高さを合わせます。

5．第一印象
私たちは、歓迎の気持ちで心のこもったお出迎えをし、感謝の気持ちで丁寧なお見送りをします。

6．ニーズキャッチ
私たちは、常に目配り、気配りをし、一歩先を読み取りスピーディーに行動します。

リティを重視した取り組みは、多くの病院や介護施設で意識されています。

競争の渦中にいるのはスーパー・コートも例外ではありません。競争に打ち勝つためにも、ホスピタリティ重視のサービス戦略に着手するべく、スーパーホテルのような差別化されたサービススタンダードを開発しようということになりました。

ここで、より重要なことは、開発されたサービススタンダードを、現場レベルで着実に浸透させ、お客様に高品位のサービス提供を行うことです。

それができなければ、文字で書かれたサービススタンダードは、ただの絵に描いた餅に過ぎません。まさに、現場レベルでの浸透こそが重要課題なのです。

■ホテルと介護施設、それぞれのスタッフの考え方の違いという壁

「サービススタンダード」や「スター制度」などの仕組みが徐々に回り始めたとはいえ、現場レベルでの浸透という作業は、予想以上に大変だったようです。

とくに難しかったのが、言葉の問題でした。お客様に接するときに、どんな言葉遣いをすべきかという考え方がホテルと介護施設では根本的に違っていました。

病院が医療という高度なサービスを提供しているのと同じように、介護施設は介護

という非常に専門性の高いサービスをご入居者に提供しているという意識が強く、接客に対する考え方にばらつきがありました。

もちろん、介護施設が提供するサービスが専門性をもったものであることは間違いありません。しかしホテルでは、お客様が期待しているレベル以上のおもてなしをすれば、それが感動体験となって、リピーターにつながっていきます。

介護施設でも、ご入居者本人が感動体験をすることによって、スーパー・コートで過ごす時間がイキイキとしていく。それを家族がご覧になって、「スーパー・コートなら安心して親を任せられる」と、長くスーパー・コートをご利用いただける。この好循環を生み出すことが、スーパー・コート自体の事業成長につながります。

この好循環は、介護サービスという基本スペックさえ良ければ生み出されるものでありません。基本スペックともいうべき介護サービスに付随する、さまざまなおもてなしそのものの質を高める必要があります。言葉遣いは、そのおもてなしの大切な要素のひとつです。

当初、経営トップは、「ホテルで培ったおもてなしを付加価値として、競合との差別化ポイントにしようと思うなら、言葉遣いを丁寧にすることは重要なことだ」と考えました。そこで、スーパー・コートのスタッフにも、ご入居者やそのご家族と接するときにはきちんとした敬語を使うことを推奨していました。

しかし、当時は「施設では敬語で話しかけるよりも、もっと距離感の近い、親しみのあるフランクな言葉遣いのほうがいい」という考え方をもったスタッフが多く、なかなか浸透しませんでした。経営理念を徐々に浸透させ、「なぜ言葉遣いが大切なのか」を施設長を中心にスタッフと繰り返し話し込んでいくなかで、丁寧語の浸透が図られていったのです。今では、丁寧な言葉遣いでご入居者と接するようになっており、ご入居者のご家族からも高く評価をいただいています。

見学に来られた方が、「スタッフの接客が素晴らしい、安心して任せられる」と、接客やおもてなしが決め手となって入居される方が多くいらっしゃいます。

この例のように、ホテルと介護施設では、根本的に考え方が異なるところが多々ありました。スーパーホテルのおもてなしを、そのままスーパー・コートで実践するというわけにはいかず、細かな点はカスタマイズしていく必要がありました。

しかしそれは、ほんのちょっとしたカスタマイズで、大きな枠組みとしての「理念浸透×自律型感動人間」というサービスマネジメントの仕組みが最も重要なポイントとして、スーパー・コートに導入されたのです。

■スター制度、研修動画もスーパーホテル式を導入

朝礼での理念浸透の取り組み以外にも、スーパーホテルが実施している「スター制度」（190ページ参照）も、介護施設用にアレンジして導入されました。

もちろん各ランクの要件については、ホテルのそれとは内容は異なります。とくに介護スキルに関する要件が重視されることはいうまでもありません。

さらに、研修動画の制作、活用も、ホテル同様に導入されました。スーパーホテルでは、お客様目線で制作された研修動画があって、お客様側の視点で自身のおもてなしを見直す教材になっているという話をしましたが、それと同じようにご入居者目線の動画を制作して研修用に利用しています。

■介護施設事業でも「日本経営品質賞」を受賞

さらにスーパー・コートでも日本経営品質賞にチャレンジし、2018年に受賞し

ました。137ページで紹介したように高いハードルを超えなければ受賞には至りません。

「顧客本位」「独自能力」「社員重視」「社会との調和」という4つの基本理念と、「顧客から見たクオリティ」「リーダーシップ」「プロセス志向」「対話による『知』の創造」「スピード」「パートナーシップ」「フェアネス」という7つの重視する考え方に基づいて厳しい審査がなされます（受賞当時）。

スーパー・コートの場合、対話による経営理念の浸透と自律型感動人間の育成に加え、グローバル人材の採用・育成や、ホテルで培った接客ノウハウを生かした高品質なサービスを導入したという点で、「独自能力」の評価が高かったようです。

また、高いハードルをクリアして、日本経営品質賞を受賞できたことは、個々のスタッフにとっても、大きな自信につながり、何よりスーパー・コートで働くことに誇りを感じられるようになっています。

その結果といっていいと思いますが、比較的、離職率が高いといわれる介護業界において、スーパー・コートは極めて離職率が低い状況が続いています。

2

暗黙知を普遍のノウハウに昇華する

■仕組みをより早く、より効率的に作り上げる

スーパーホテルでは、長い年月をかけて「理念浸透×自律型感動人間」の経営を実践し続け、一定のノウハウを確立することができました。

さらに第2章でご紹介したように、暗黙知のままになりがちなおもてなしの数々を、京都大学の原良憲先生たちとの共同研究によって形式知化するとともに、その形式知化されたおもてなしをスタッフ間で共有することにより、今日あるような接客サービスの高位標準化を実現できました（共同研究自体はまだまだ現在進行形で、スーパーホテルの接客サービス自体もまだまだ発展途上です）。

そして「理念浸透×自律型感動人間」経営のノウハウと、「高位標準化された接客サービス・おもてなし」は、異業種である介護施設事業でも生かすことができまし

た。

ホテルの接客サービス・おもてなしの仕組みをそのまま用いたのではなく、介護事業に合った形でカスタマイズされたからうまく回っていったのだと思います。

基本的なベースは活用しながらも、魂が宿る細部については、スーパー・コートでしっかりと作り上げた仕組みだからこそ、その仕組みは成果を生むことができました。

仕組みをより早く、より効率的に作り上げる上で、土台となる考え方や仕組みがあることは、事業成長のための大きなアドバンテージになります。

株式会社スーパーホテルというひとつのホテル会社が、自社の成長のために何が必要かを考え、それが「理念浸透×自律型感動人間」であると思い至り、その実現に向けて愚直に取り組んできたに過ぎません。

しかし、その取り組みを体系化して、介護施設事業という異業種に適用してみたら、着実に成果を上げることができた。つまり、スーパーホテルが実践してきた「理念浸透×自律型感動人間」経営は、スーパーホテルのみならず、多くのサービス事業者に通用する、事業成長のための普遍のノウハウといっていいのではないかと考えるようになりました。

サービスの内容が異なったとしても、人と接してサービスを提供する形態のサービス業であれば、どんなところでも、このノウハウをベースにおもてなしの質を向上させることができるのではないかということです。

スーパーホテルの「理念浸透×自律型感動人間」というサービスマネジメントの仕組みは、間違いなくサービス業における事業成長のためのノウハウであり、そしてサービス品質向上のための有効な指針となり得るものだと確信しています。

■型通りのマナーだけではスーパーホテル流の接客はできない

スーパーホテルが実践しているおもてなしは、いろいろなところからお褒めをいただくことが多くなりました。「どこにもないおもてなし＝経営理念×接客・おもてなし」という考え方に共感されるのです。

その際に「どうすれば、あのような接客ができるようになるのですか」とよく聞かれます。

その質問に対していつも答えるのは、「理念をスタッフに浸透させる仕組みを作って実践し、各スタッフにどれくらい理念が浸透したかをきちんと測定・評価できる仕組みにまで結びつけないと実現しない」ということです。

接客の質的向上というと、どうしても接客マナーが頭に浮かんでしまうという人は多いと思います。正しい角度でお辞儀ができるとか、その際に手をどこにおくかとか。

しかし、そうしたマナーの型をどれほどしっかり習得したとしても、それだけではお客様が感動するような接客サービス・おもてなしを提供することはできません。

型通りのマナーは最低限。そこから、どのようにお客様に感動を提供するかは、会社が掲げる理念を、どれだけ自分の中に取り込めているか、つまり浸透しているかにかかっています。

理念をしっかりと浸透させた上で、どう行動すれば（おもてなしをすれば）お客様に感動していただけるかを考える。もちろん、考えるのはスタッフ自身です。

自発的、自律的に考えて行動する。行動した結果は必ず評価という形で自分に返ってきます。もちろん会社として、きちんと評価が受けられる仕組みを用意することは必要です。

たとえば当ホテルなら、宿泊されたお客様から寄せられるアンケート結果を集計して、誰でも見られるようにイントラネット上でオープンにしています。

お客様がアンケートにわざわざ書いてくださることは、評価そのものです。良い評価ばかりではないかもしれないけれど、真摯に受け取ることが肝要です。それが次への糧になります。人は、評価されることによって、その後の振る舞いが変わっていくものです。

■他業種から「あんな接客ができるスタッフを育てたい」というオファーが！

近年、スーパーホテルには「研修をやってくれないか」という問い合わせが入るようになりました。「スーパーホテルのスタッフのような接客応対ができるスタッフを育てたいのでぜひ研修を」というオファーです。

こういう問い合わせをくださる人のほとんどは、実際にスーパーホテルを利用された際に、その接客サービスを目の当たりにして、感動したという話をされます。なかには、かなり前向きに接客サービスの質的向上に取り組んでおられ、エアライン系や大手テーマパーク系の研修に社員を参加させている会社の方が、スーパーホテルのような絶妙な距離感の、温かみと親しみのある接客をぜひ指導してほしい、とおっしゃる人もいました。

大変光栄なことではあるのですが、私たちとしては、基本的にはそうした研修サービスを提供していないので、お断りせざるを得ないというのが実情です。

ただ、アドバイスとして申し上げることは、繰り返しになりますが、理念の浸透と、それをきちんと評価する仕組みが大事、ということに尽きます。

■おもてなしを科学したからこそ生まれたノウハウ・知見

これまでは、特定のスタッフの暗黙知であり、他のスタッフにはなかなか真似のしにくかった〝優れた接客〟を、京都大学との共同研究によって、形式知化することができるようになりました。

もちろん、あらゆる暗黙知をすべて形式知化できるというものではありません。しかしそれでも、いくつもの〝優れた接客〟を科学的に分析し、誰にでも再現可能な

〝接客技術〟に昇華できたものがいくつもあります。

あるいは、接客技術としてみんなが習得できるようなものではないかもしれないけれど、優れたスタッフが実践しているお客様の観察の仕方や接客時のマインドなどを研修教材にすることで、多くのスタッフの気づきにつながることも多々ありました。

まさに、〝おもてなしを科学〟したからこそ具現化できたノウハウであり、知見だといえます。

こうして形式知化することができた「おもてなしのノウハウや知見」、そしてスーパーホテルが長い時間をかけて作り出し、実践し、必要に応じて修正を加えて体系化したサービスマネジメントの仕組みとしての「理念経営×自律型感動人間」。

この2つの実践的なノウハウ・ドゥハウは、私たちスーパーホテルグループのあらゆる事業で、実践的に活用されています。

スーパーホテルグループでは病院も経営しています。介護施設事業であるスーパー・コート事業において、医療機関との密接な連携がとれる体制が重要であることから、この分野に進出しました。

その病院においても、科学化されたおもてなしと「理念経営×自律型感動人間」のノウハウ・ドゥハウの活用を進めています。

いまや病院にしろ、行政機関（市役所や区役所など）にしろ、サービス提供という概念と無縁ということはあり得なくなっています。飲食店チェーンや小売店舗などはいうまでもなく、様々な業種で接客、おもてなしの重要性が高まっています。

私たちスーパーホテルは、今後ますます、この「おもてなしのノウハウや知見」と「理念経営×自律型感動人間」をブラッシュアップし、近い将来には、これらのノウハウ・ドゥハウを、どんなサービス業にも通用する普遍の仕組みに昇華し、より多くのサービス事業者にご提供できるようになりたいと思っています。

原教授の「理念経営×自律型感動人間＝究極のサービスマネジメント」についての考察

理念浸透と人材育成との相乗効果から生まれる人的資本経営

前章の考察で触れた通り、理念の浸透（第3章）と自律型感動人間の育成（第4章）は、スーパーホテルの企業としての根幹そのものであり、非常に強いコア・コンピタンスといえるでしょう。

この「理念浸透」×「自律型感動人間の育成」は、創業者である山本梁介氏の創業理念から導かれているものです。言い換えれば、スーパーホテルの社会における存在意義であり、あるべき人材育成像を示す人的資本経営です。人的資本経営とは、従業員を企業の重要な資産とみなし、彼らのスキル、経験、能力を最大限に活用して組織の成長と成功を促進する経営手法です。

このような理念浸透と人材育成との相乗効果から、人的資本経営が生まれます。それは、スーパーホテルだけにとどまらず、人材不足や低生産性などの課題に直面しているサービス産業や、高付加価値化を目指す製造業全般にも応用できるものです。

ただし、他のサービス業や、サービス業以外の産業で応用・活用するためには、個々の成功・失敗の事例集や体験談の集積だけではなく、もう一段、抽象化、パターン化を進め、他分野への応用を視野に入れた汎用化の取り組みが必要であることはいうまでもありません。

しかしこのことについても、すでにスーパーホテルでは取り組みを進めているようで、まずはグループ内の介護施設事業に適用したケースが本章でも報告されています。

今後ますますこうした事例が増えていくことで、日本のサービス産業の生産性が向上していくことを期待しています。

サービスの多角化への取り組みは理にかなっている

さて、本考察の冒頭で、「理念浸透」×「自律型感動人間の育成」はスーパーホテルのコア・コンピタンスということに触れました。

コンピタンスとは、企業が顧客に対して価値提供する際のスキルや技術の中で、他社が模倣できない圧倒的な強み、競争力となり得るものを呼び、その中でもとくに中核となるものをコア・コンピタンスと呼びます。

実は、このコンピタンスは、モノづくりにおけるそれと、サービスにおけるそれでは、少々性質が異なります。

本章のテーマに即していえば、モノづくりのコンピタンスは本業に注力したほうがよく、当該のコンピタンスを活用して関連する他分野で多角化しようとすると、売上は増えるが、利益率は悪化するといわれています。

しかし逆に、サービスコンピタンスの場合には、むしろ関連分野で多角化したほうが良いといわれています。つまりサービスコンピタンスを使い回したほうが、売上も利益率も向上するということです。スーパーホテルが本業で培ったおもてなしと、サービス提供のノウハウをホテル業以外のサービス業で応用しようとすることですが、このようなサービスの多角化に取り組むことは、理にかなったことだといえます。

なお、ここでいうモノづくりやサービスの意味することは、単純に有形の財を製造することをモノづくり、無形のサービス提供そのものをサービスといっているのでははなく、物的な価値形成と、サービス的な価値形成という意味合いで使っています。

たとえば、コピー機を製造販売しているメーカーの場合、コピー機という有形のモノを提供していますが、同時に消耗品の提供やメンテナンスなどのソフトサービスにも課金しています。つまりこの場合には、物的価値形成とサービス的価値形成の両方を内包していることになります。

ジェットエンジンを製造し、航空機メーカーに販売しているＩＨＩでは、当然ジェットエンジンを販売するわけですが、その後の数十年間はそのサポート・メンテナンスといったサービスによってビジネスを展開します。

このように、昨今は製造業全体でのサービス化（サービタイゼーション）が進展しており、モノを媒介としてサービスを提供するというケースが増えています。

自動車産業においても、もちろん自動車というハード（モノ）の価値が前面に出ますが、昨今ではカーナビやＧＰＳ機能を活用して、レストランなどのお店の情報を提供してくれるコンシェルジュサービスを受けられるようになっています。これなどは、まさに物的価値とサービス的価値が混在している例といえます。

そのため、モノづくりが中核であったとしても、そこに何らかのサービスが付加されていて、そこにサービスコンピタンスがあるならば、それはサービス多角化によって、売上や利益率を向上させ得るということになります。

無形の財であるサービス提供が事業の中核であるホテル業であれば、サービス多角化のメリットは大きいといえるでしょう。

水平的な統合の好例

次に、インテグレイティド・ホスピタリティ（無形資産の統合価値化）について触れておきましょう。

スーパーホテルが、自社で培った「理念経営×自律型感動人間」というノウハウ・知見を、自社以外のサービス業に展開するにあたっては、これまでの取り組み事例などをいったん抽象化することで、ホテルサービス以外にも転用できるような形に再構築し直す必要があります。逆にいえば、それができれば、他のサービス業への展開も可能になるということです。実際に、そうした取り組みが成功したことが本章で紹介されていることは、すでに触れました。

インテグレイティド・ホスピタリティというのは、1社単独で価値創造をするステージを超えて、企業間連携によって、より高いレベルでの全体最適化を推進し、統合的に価値創造のレベルを上げていこうという取り組みです。

インテグレイティド・ホスピタリティには、サプライチェーンや、デマンドチェーン全体の価値創造のレベルアップを図る垂直的な統合もあれば、ホスピタリティ・サービス自体を関連多角化する水平的な統合などがあります。さらに類型的には、循環的な統合というものもあります。

スーパーホテルはまさに水平的な統合を具現化しており、本章で取り上げられている、ホテルのホスピタリティという価値共創を介護施設に応用するという事例は、水平的な統合の好例であり、インテグレイティド・ホスピタリティの可能性を示唆しているという点でも、注目に値する取り組みだといえるでしょう。

＊　＊　＊

さて、最終章の第5章についての考察を終えたところで、サービスマネジメント全体に関する今後の課題について、簡単に触れておきたいと思います。

ひとつは、生成ＡＩの進化などによって、人は将来的には頭脳労働からも解放されようとしているという状況のなか（肉体労働からの解放は18世紀半ばの産業革命が契機でした）、サービス産業においては対人サービスの提供シーンにおける感情労働の問題をどうすべきなのかについて、課題解決を進めなければならないということを挙げることができます。

おもてなし、接客サービスの提供シーンでは、どうしてもサービス提供者側の感情とは異なる感情でのおもてなし、接客サービス提供が強いられてしまいます。これは大きなストレスの要因になりますし、それがために離職率が高まるという弊害にもつながっていきます。

現時点で、これについての有益な解は見出されていませんが、この課題をどう解決していくのかは、今後の大きな課題といえます。

もうひとつの課題は、サービス・ケイパビリティです。サービス提供、とくに対人サービスの提供においては、人的・時間的・場所的な制約の問題があって、需要があれば無制限に供給し続けるというわけにはいきません。そこでサービス・ケイパビリティという考え方が重要になります。これは、「利害関係者や資源の制約を解消し、うまく結びつけ活用する能力」と定義されています。

今日、企業がおかれている環境はさまざまな制約に満ちており、サービス産業では、その特性ゆえの人的・時間的・場所的な制約がある上に、ＳＤＧｓ、ＥＳＧというコンセプトを背景とした環境制約、資源制約を克服して、持続的発展を目指さなければならないという厳しい課題があるのです。

とくに日本では少子高齢化という要因もあるために、人材開発はさらに重要な課題であるといえるでしょう。


最後に、過負荷の問題を取り上げたいと思います。

ここでいうまでもなく、ＩＴの進化・進展は目覚ましく、システムの性能は圧倒的に向上し、またアクセス可能な情報量は膨大に増え続けています。しかしながら、人間の能力そのものは決して同様のスピードで進化するようなものではありません。

つまり、人や人が構成する組織においては、進化し続けるシステム性能や、増え続ける情報量を処理できなくなっています。これが過負荷という問題であり、何らかの対応を迫られる課題です。

増え続ける情報をどう処理するかという課題については、生成ＡＩのような仕組みは、解決策のひとつになるかもしれません。

しかし一方で、おもてなしというテーマについては、むしろ人間力が重要で、どれだけＡＩが進化しても、おもてなしに関する課題が解決されることは少ないのではないでしょうか。

唯一可能なのは、スーパーホテルが取り組んだように「おもてなしを科学する」ことによって、その本質を見極め、誰もが〝優れたおもてなし〟を実践できるよう形式知に落とし込むこと。そして、その形式知を共有することで、おもてなしに必要な人間力を向上させ、結果としてサービス提供の生産性をレベルアップしていくことが肝要です。

すでに、その端緒としてのスーパーホテルの取り組みからは、まだまだ目が離せず、今後注目すべき課題解決になると期待されます。

コラム

8割がアルバイトの現場で提供される究極のおもてなし⑤

地域貢献もお客様の感動がベースに

「ご当地結びスタ」が地元情報をお客様と共有

当ホテルの経営理念のひとつに「地域活性化」というテーマがあります。そこでスーパーホテルでは、地域への貢献についても積極的に取り組んでいます。その一環で生まれたおもてなしが、「ご当地結びスタ」です。

「ご当地結びスタ」とは、地元を愛し、地元を応援したいと考えるスタッフが、ホテル周辺の観光スポットや飲食店などの情報を収集し、必要に応じてお客様に提供するというものです。

そもそもの始まりは、コロナ禍です。コロナ禍の影響で、旅行や外食などが激減したことで、スーパーホテルも大打撃を受けましたし、飲食店なども同様でした。

そんななかでも、仕事上ホテルを利用する方は少ないながらいらっしゃる。でも、宿泊中もあまり遠出はしづらいので、ホテルの周辺で何かおいしいものが食べられないかといったニーズがありました。

そこで、その両者を結びつける役割を、スーパーホテルが担おうというのが、「ご当地結びスタ」の原点でした。

その地のスーパーホテルに宿泊していただいているお客様は、地域の経済を活性化させる可能性を持っていますし、そこを積極的に推進していこうという発想です。

具体的な施策として、「夕食券付きプラン」を作って全国展開しました。各ホテルが、その地域の飲食店と提携してクーポンを発行し、そのお得なクーポンを持って、地域の飲食店でご利用いただくというものです。

こうした施策と併せて、スタッフには、「ご当地結びスタ」バッジをつけてもらうようにしました。これは、各スタッフが自分の得意分野のテーマについて、そのテーマのことなら、地域の魅力をご説明しますという取り組みです。

たとえば、「お土産」のバッジをつけたスタッフには、「その地域にはどんなお土産があるかを聞いていただければ、詳しくご説明します」というようなことです。グルメや観光スポット、お土産など、さまざまな分野に分けて、スタッフ各自が自分の得意分野をバッジでアピールしています。

スーパーホテルがこれから目指すもの

■「ベンチャー支配人制度」という極めて特徴的な制度

本編でも触れたとおり、私たちスーパーホテルは2024年3月現在で、国内に170店舗、海外1店舗の合計171店舗を展開しています。そのうち、株式会社スーパーホテルの社員が中心となって運営している店舗、いわゆる直営店はわずかに4店舗にすぎません。それ以外の国内店舗は、すべて「ベンチャー支配人」と称している個人事業主に、ホテル運営を業務委託しています。

ベンチャー支配人制度とは、一定の契約期間を設定して、その間、当ホテルのひとつの店舗を運営していただくという制度です。ホテル経営やホテル勤務の経験がなくても、充実した研修制度によって、ゼロからノウハウを習得していただけます。本部には、そのためのサポート体制が整っており、未経験であっても安心して業務にあたれるようになっています。

基本的にベンチャー支配人制度では、夫婦など男女2人で運営していただくことが前提です。多くの場合、男性が支配人になり、女性が副支配人となって、ホテルのマネジメントを実施します。そして、支配人・副支配人以外のスタッフは、基本的にアテンダントと呼ぶアルバイト人材になります。

スーパーホテルでは、このベンチャー支配人制度を「Super Dream Project」と称して、随時、ベンチャー支配人を募集しています。応募される人の多くは、将来、自身で起業したり、お店をオープンしたいという夢を持っている方で起業や開業のための資金を貯めると同時に、経営についてのノウハウを身につけたいということで、ベンチャー支配人に応募されます。ですから当ホテルとしても、応募者の方々が大きな夢を実現するためのプロジェクトと位置付け、「Super Dream Project」と称しています。

このベンチャー支配人制度は、スーパーホテルの極めて特徴的な制度といえます。

自分で起業したい、事業経営をしたいという希望をもつ人材であれば、自身の夢の実現をモチベーションとして、経営者目線で生産性を意識したホテル運営に取り組んでくれるでしょうし、サービスマネジメントにも前向きに取り組んでくれるに違いありません。そして、私たちが提供するベンチャー支配人制度なら、住居費や光熱費のかからない住み込みというスタイルでホテル一棟を運営していただくことで、将来の独立起業のための資金を貯めやすいというメリットも享受していただけます。まさにｗｉｎ‐ｗｉｎの仕組みといえます。

実際に、ベンチャー支配人制度は奏功し、一定期間を経て夢を実現する方や、なかにはスーパーホテルで働きたいという夢にかわり、社員となった方もいます。もちろん、スーパーホテル自体の業績向上にも大きく貢献していただいています。

スーパーホテル運営のもうひとつの特徴が、アルバイトを軸としたスタッフィングという点です。

これについては、ひとつにはベンチャー支配人の多くが個人事業主となっているために、正社員として雇用するよりも、アルバイト雇用のほうが何かとメリットが多いために、結果的にそういう形態が多いというのが実情です。

本編でも触れた通り、アルバイトという形であっても、充実した研修制度が用意され、スキルアップも目指せます。より高いおもてなしを目指す上でも、アルバイト中心のスタッフィングであることになんら問題はありません。

決してベンチャー支配人は、アルバイトスタッフで運営しなければならないという決まりがあるわけではありません。現に、なかには法人化して2店舗以上を統括し、ベンチャー支配人が設立した法人（会社）で社員として採用されているスタッフが運営にあたっているケースもあります。


いずれにしろ、「ベンチャー支配人制度」と、「アルバイトを軸としたスタッフィング」によって、スーパーホテルは高い生産性を維持しつつ、高品位のおもてなしを提供できるホテルとして成立しているといっても過言ではないかもしれません。

「素人支配人とアルバイトスタッフだけで回るのか？」と思う人もいるかもしれません。しかし本編で詳述したように、当ホテルは研修制度が充実しています。サービス業未経験の支配人であれ、学生アルバイトであれ、当ホテルの理念やホテルスタッフとしての基本的なノウハウ・ドゥハウを習得できるシステムが整っています。

すべてのスタッフに理念が浸透することで、当ホテルが目指すおもてなしを、自らの創意工夫で体現できるようになります。すべてのスタッフがそれを実践できるのは、「自ら考えて実践する」ことを研修でしっかりと身につけているからなのです。

■アナログへのこだわりをDXで具現化する

今日、企業のDXへの取り組みが盛んですが、スーパーホテルは設立当初からIT化、いわゆるDXに積極的に取り組んできました。ペーパーレスチェックイン、ノーキー・ノーチェックアウト、AIを活用したイールドマネジメントシステムなど、デジタルの力で業務を徹底的に効率化していくことに余念がありません。

そうした業務の効率化、デジタル化の進展は、何よりお客様へのメリットになります（チェックイン・チェックアウト手続きの簡素化など）し、さらにスタッフにゆとりが生まれます。スタッフにゆとりが生まれれば、その分の時間やエネルギーをお客様へのおもてなしに振り向けられます。

つまり、デジタル化、DXの推進にこだわることによって、「おもてなし」というアナログなサービス提供の品質をも高めることにつながると考えています。

「価格は3つ星、おもてなしは5つ星」がスーパーホテルの魅力です。お手頃な価格で最高のサービスを可能にするのは、デジタル化の推進により、おもてなしにマンパワーを集中できるからで、逆説的になりますが、Face to Face のおもてなしのために、デジタル化は不可欠なのです。

今後ますます社会はＩＴ・ＡＩでデジタル化が進化していくことでしょう。それに伴い、当ホテルはさらなる業務効率化・業務改善のためにデジタルを積極導入し、それによって、あくまでもアナログな「おもてなし」の質的向上を成し遂げていきたいと考えています。

■未来に向けたグローバル化も最優先タスク

世界的な規模で人的な移動が制限されたコロナ禍もひと段落し、昨今は日本のインバウンド需要も戻ってきています。当然のことながらこうした観光需要は日本だけではなく、世界各地で外国人観光客が増えているようです。そうしたなか、ホテル事業もグローバル化を進めなければならない時代です。

スーパーホテルにおいてもグローバル化はキーワードであり、とくにインバウンド需要が拡大傾向にあるなかで、スタッフのグローバル化は未来に向けた最優先タスクだと位置づけています。

今後、海外人材の採用枠は思いきって増やしていく必要があると考えています。海外人材を採用し、雇用を維持していく上で大切なのは何よりも教育。日本語や接客マナーだけでなく、スーパーホテルが力を入れたいのは理念を共有することです。

かつて、スーパーホテルはタイにホテルを出店したことがあります。海外第1号店でした。この店舗の支配人は、日本のベンチャー支配人制度で採用され、日本国内の店舗をマネジメントしていた経験のある中国籍のベンチャー支配人でした。

日本では非常に好成績だったのですが、タイに着任後は言葉の壁などで苦労し、その焦りもあったために、トップダウン型のマネジメントを実施してしまいました。上意下達型の人材管理ではスタッフが定着することはなく、そのためサービス品質も一向に向上しないという弊害を生み、結果的に撤退の止む無きに至りました。海外ではジョブホッピングは当たり前で、職場に対するロイヤリティがなければ、少しでも給料の高い競合ホテルに簡単に転職されてしまうのです。

後に、スーパーホテルはミャンマーに海外第2号店をオープンしました。このときの支配人は前出の中国籍支配人です。彼はタイでの経験で、ホテルマネジメントではスタッフが同じ方向を向いてホテルを創り上げることが重要だと気づき、着任後さっそく、ミャンマー語でＦａｉｔｈを作り、毎日1時間 Ｆａｉｔｈ ｕｐで経営理念の浸透に注力しました。

その甲斐あって、ミャンマーでは他のホテルからの引き抜きがあっても誰一人辞めることなく、スーパーホテルで働き続けてくれています。現在では日本と同じようにお客様に日常の感動のおもてなしを提供しています。

このエピソードが示すように、言葉や文化の違いがあっても、サービス企業である以上、お客様により高い付加価値を提供したいと考えることは同じです。大切なのは、その付加価値がどのようなものなのかをスタッフ全員がしっかりと共有することです。スーパーホテルでいえば、感動体験の提供が重要な付加価値であり、同時にそれは企業としてのスーパーホテルが目指す「パーパス」だといえます。

このパーパスをすべてのスタッフが共有し、一丸となってその実現に取り組む体制を築くのが、昨今いわれる「パーパス経営」です。言葉や文化が違っても、目指すパーパスを共有できる人材を採用・育成することが、スーパーホテルの未来に向けたグローバル化の成功要因だと考えています。

現在、スーパーホテルではグローバルベンチャー支配人の育成にも注力しており、2022年は、東南アジア各国やフランスなど7カ国から14名の応募がありました。そのうち1名はベンチャー副支配人として活躍しています。

2025年までにグローバル人材100名の採用を目標に、日本のおもてなしを学びたいと希望する人々と日本の架け橋となるべく、海外人材の教育・育成に力を入れていきます。ひいては、スーパーホテルの事業成長につながるものと確信しています。

＊　＊　＊

京都大学の原良憲教授、嶋田敏先生との共同研究がなかったなら、本書の誕生はあり得ませんでした。2017年から始まった本研究のおかげで、これまで個人が無意識に行っていた行動を科学的にアプローチすることで言語化・見える化し、組織の形式知として高めることができました。このことはスーパーホテルのCS向上に大きく寄与する転機になったことは言うまでもありません。

共同研究の期間中には、学術的視点からのご意見をいただく一方で、常に先生がたが運営に生かせる研究にしたいとの想いで取り組んでくださっていたからこそ、顧客満足Ｎｏ・１の成果に結びついたと感謝しております。


本書の第２章は嶋田先生が中心となって、そして各章の考察は原先生が担当してくださいました。

嶋田先生には本書の執筆にあたり、これまでの研究内容を再度一緒に振り返りながら整理してまとめていただきました。私が感覚的で脱線してしまいそうになるところをいつも軌道修正していただき感謝しております。

原先生は、サービスエクセレンス講座で初めてお会いしたときからいつも柔和な表情と寛大なお心で接してくださり、事業者目線で今後のサービス産業のあり方や社会に果たすべき役割にまで視野を広げてご教授いただけたことが大変ありがたく、心に残っています。

最後に、本書の構成を担当してくださった小澤浩之さん、長年にわたって支えてくださっているお客様、お取引先のみなさま、そして現場で日夜お客様に感動のおもてなしを実践している支配人・副支配人・アテンダントのみなさまに、この場を借りて感謝の言葉を贈りたいと思います。ありがとうございます。

2024年2月

スーパーホテル執行役員　星山　英子

お客様からの感動の声

●「おかえりなさい」の言葉に「ただいま」と思える

チェックインしたときに、「前回から、お久しぶりのご利用ありがとうございます」って言われてびっくり。以前、系列の他の宿を利用したことなど私自身が忘れていたのに。「おかえりなさい」の言葉に「ただいま」と素直に思えました。

●何気ない会話をメッセージカードに書いてくれて感動

星5つでは足りないくらい大、大、大満足！ 事前に荷物の預かりをお願いしたときに、フロントの方となにげなく今回の宿泊について会話をしたのですが、夜にチェックインしたら、なんと部屋のテーブルにその会話の内容についての素敵なメッセージカードが置いてありました。思いがけないことでびっくり！ 本当にすごく感激、感動してしまいました。

●また泊まりたくなる接客

23時を回ってのチェックインでしたが、フロントスタッフの物腰の柔らかさや、印象の良さに圧倒されました。さらに驚いたのは、部屋に入った際に、檜《ひのき》の枕が置いてあったこと。札幌のスーパーホテルを利用したときに、スタッフの方から、「檜の枕を利用しているんですね、今度宿泊した際はお部屋にご用意しておきますね」と言っていただいたことがあったのですが、その内容をホテル間で共有していただいたのかなと思いました。おもてなしにとても感謝しております。

●スタッフ間の情報共有に感動

昨日も宿泊させていただきスタッフの方の親切、丁寧な対応に感動させられましたが、飛行機が満席で今日帰れなくなり、もう1泊させてもらえて本当に良かったです。今日のスタッフの方も初めてお会いする方なのに引き継ぎのときに伝達されていたようで、「腹痛大丈夫ですか?」とも声をかけてもらい、とてもうれしかったです。

●これまでの接客で一番

チェックインの際でも笑顔で丁寧に接客下さり、大変感動しましたし、夜間外出するときに雨が降っていてエントランス外で困っていたら追いかけて傘を持ってきてくれました。お気遣いを感じて、普段アンケートは記入しないのですが、お礼を込めて書かせていただきました。唯一の後悔は印象に残ったスタッフさんの名前がわからず、記入できなかったことくらいです。

●ずっとこの日を忘れない

息子の受験での宿泊で、当日の朝、主人が行けなくなったのですが、キャンセル料もかからず「気をつけてお越しください」との電話対応に、とてもうれしく安心して来ることができました。大学まで前日の受験場下見をしたあと、やっとホテルに着いたら、受付で「おかえりなさいませ」の優しい言葉、そして受験生とわかり、「頑張ってください」の言葉。とてもうれしかったです。デスクのライトも貸していただけて、2人でゆっくり勉強したり、ご飯を食べたりできました。この先、ずっとこの日のことを忘れることはないと思います。ありがとうございました。

●不安を抱えての宿泊で……

素晴らしい。ファンになりました。また来たいです。私は沖縄市から来た60代女性で、ライブを見るために一人で宿泊しました。怖がりな人生で一度も一人で泊まることなどしたこともなく、正直不安を抱えてこちらに来ました。そんな中、最初に駐車場を案内くださった女性スタッフ、雨の中、大変親切で感動しました。その後、チェックインを対応してくださった方も私の不安を聞き、「寂しくなったら、いつでもお喋りしに来てください」との言葉。私が若ければ共に働いてみたいと思える、それほど素晴らしいスタッフさんだと感動しました。

●お見送りに感動

受付のとき、釧路も利用したことへのお礼を言ってもらいびっくりしたと同時にうれしかったです。エレベーター前まで見送りに来てくれたのは、やっぱりスーパーホテルの教育が素晴らしいと思いました。釧路も北見のホテルスタッフも最高でした。やっぱり丁寧に対応してもらうと旅の疲れもとれます。頑張ってください！

●世界が広がるキッカケに

外での単独行動が苦手な息子が、スタッフさんのお声がけや気配りのおかげで、安心して過ごすことができ、そのおかげか無理だと思っていた大浴場も1人で入りにいっていて感動でした（家族で今回男が1人だったので）。不登校の息子で社会との接点の少ない中、ホテルの人が優しい……とつぶやいており、ホッとしている様子でした。またひとつ世界が広がるキッカケになったように感じ、うれしく本当に感謝しています。ありがとうございました。

●禁煙ルームへの配慮

昨年は息子の出産で長期お世話になったのですが、長い間ご無沙汰でした。スタッフの方も変わっておられましたが、以前と同じ気持ちの良い対応、ご挨拶でした。このときは急ということで喫煙のお部屋しか予約取れず、少しショックでしたが、チェックイン後追いかけてきてくださって、以前覚えていていただき「禁煙のお部屋にキャンセルがありましたので、どうですか？」と声がけしていただき本当うれしかったし、素敵な時間が過ごせました。

【著者紹介】

原　良憲（はら・よしのり）

◉——兵庫県姫路市出身。1981年東京大学工学部電子工学科卒業、1983年同大学院工学系研究科修士課程修了。2005年京都大学で博士（情報学）を取得。2006年から京都大学経営管理大学院教授をつとめる。イノベーション・マネジメント、サービス経営などの教育研究に従事。サービス学会会長（2020年～2022年）、日本学術会議連携会員、AREホールディングス株式会社社外取締役。
◉——主な著書に『A New Approach to Resilient Hospitality Management』（共著／Springer）、『日本型クリエイティブ・サービスの時代－「おもてなし」への科学的接近』（共著／日本評論社）などがある。

嶋田　敏（しまだ・さとし）

◉——茨城県桜川市出身。2010年東京大学工学部精密工学科卒業、2012年同大学院工学系研究科修士課程修了。2015年同大学で博士（工学）を取得。同年から京都大学経営管理大学院特定助教、2019年から同大学院講師をつとめる。サービス工学、サービス・マネジメントなどの教育研究に従事。サービス学会理事。

星山　英子（ほしやま・えいこ）

◉——大阪府出身。関西外国語大学卒業後、1998年にスーパーホテルにフロントスタッフとして入社。2008年に研修センターの支配人として人財育成を担当。2010年から経営品質部に配属となり、全国のフロントスタッフの教育制度やトレーニングに従事。2015年、経営品質部CS推進部長、2022年からは経営品質本部本部長として、顧客満足向上の他、ブランディング、デジタルマーケティング、SDG s の推進に精力的に取り組んでいる。現在、経営品質本部執行役員。

株式会社スーパーホテル

◉——「Natural, Organic, Smart」をコンセプトに、健康でサステナブルなライフスタイルを提案するホテルとして国内に170店舗、海外1店舗を運営（2024年3月時点）。ITの活用による生産性向上と、高品質な接客・サービスによる顧客満足度の向上を両立させ、2023年度には「J.D. パワー“ホテル宿泊客満足度９年連続 No.１〈エコノミーホテル部門〉”」と「JCSI（日本版顧客満足度指数）調査 顧客満足度“No.１”」をダブル受賞。環境保全の取り組みを行っている業界をリードする環境先進企業を環境大臣が認定する「エコ・ファースト制度」では、ホテル業界で唯一認定を受けている。環境保全活動以外にも地域活性化や次世代支援などのSDGs推進活動に積極的に取り組んでいる。

スーパーホテル「マニュアル」を超《こ》えた感動《かんどう》のおもてなし

2024年3月4日　第1刷発行
2024年4月1日　第2刷発行

著　者——原　良憲
　　　　　嶋田　敏
　　　　　星山　英子
発行者——齊藤　龍男
発行所——株式会社かんき出版
東京都千代田区麴町4-1-4 西脇ビル　〒102-0083
電話　営業部：03(3262)8011㈹　編集部：03(3262)8012㈹
FAX　03(3234)4421　振替　00100-2-62304
https://kanki-pub.co.jp/
印刷所——ベクトル印刷株式会社

ISBN978-4-7612-1002-1 C0034

スーパーホテルのベストセラー

5つ星のおもてなしを
1泊5120円で実現する
スーパーホテルの
「仕組み経営」

神戸大学大学院
経営学研究科教授
金井壽宏

×

スーパーホテル会長
山本梁介

9割の稼働率と7割以上のリピートを生み出す

「心を通わせた
合理性の経営」
とも読み解けますね
〈金井〉

お客さまの5割が
女性客という
店舗もあります
〈山本〉

かんき出版

顧客満足も社員満足も
会社も社会も
「あえて二兎を追う経営の仕組み」